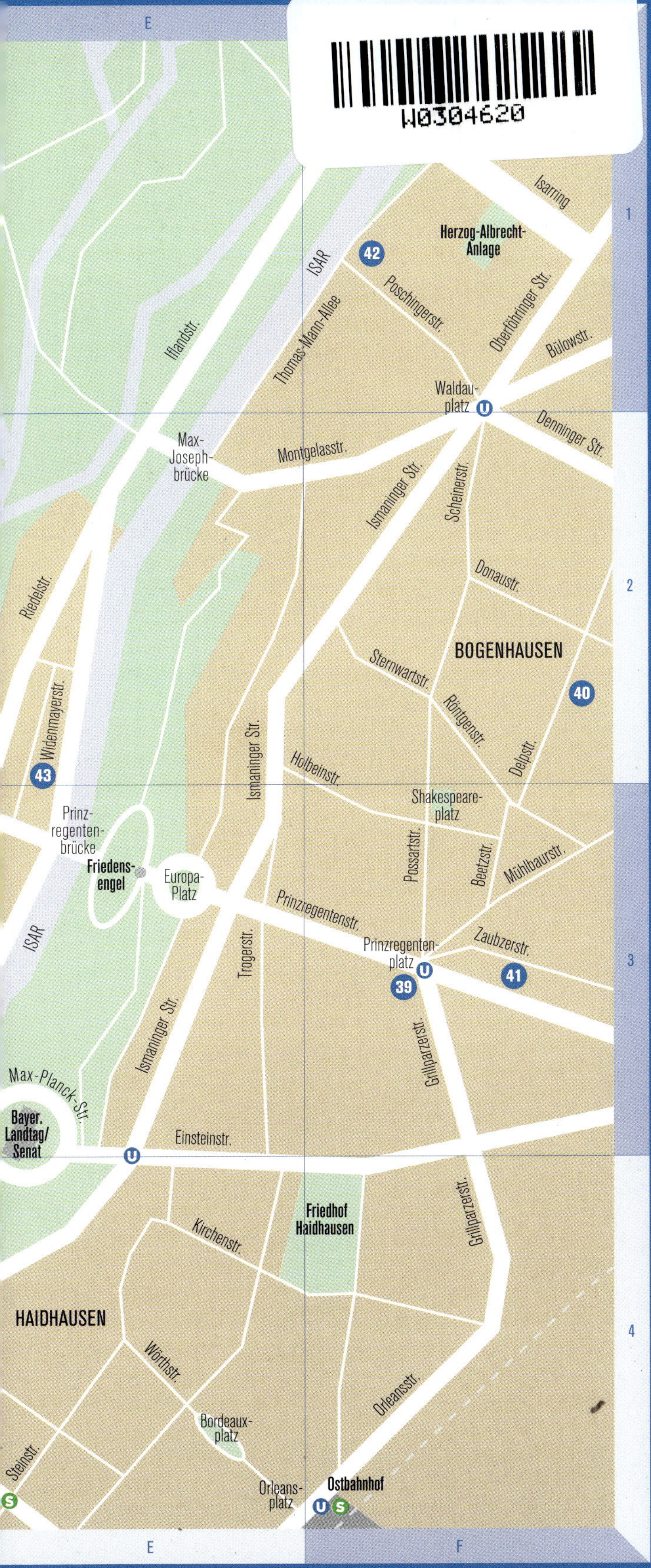
E
1
2
3
4
E
F
Isarring
Herzog-Albrecht-Anlage
42
ISAR
Poschingerstr.
Oberföhringer Str.
Bülowstr.
Ifflandstr.
Thomas-Mann-Allee
Waldau-platz
Denninger Str.
Max-Joseph-brücke
Montgelasstr.
Ismaninger Str.
Scheinerstr.
Donaustr.
Riedelstr.
BOGENHAUSEN
Sternwartstr.
40
Widenmayerstr.
Röntgenstr.
Ismaninger Str.
43
Holbeinstr.
Delpstr.
Shakespeare-platz
Prinz-regenten-brücke
Friedens-engel
Europa-Platz
Possartstr.
Beetzstr.
Mühlbaurstr.
ISAR
Prinzregentenstr.
Trogerstr.
Zaubzerstr.
Prinzregenten-platz
39
41
Ismaninger Str.
Grillparzerstr.
Max-Planck-Str.
Bayer. Landtag/ Senat
Einsteinstr.
Friedhof Haidhausen
Kirchenstr.
Grillparzerstr.
HAIDHAUSEN
Wörthstr.
Orleansstr.
Bordeaux-platz
Steinstr.
Orleans-platz
Ostbahnhof

ORIENTIERUNG Als Gründungsstätte der Nationalsozialistischen Deutschen Arbeiterpartei (NSDAP) wurde München von Adolf Hitler zur „Hauptstadt der Bewegung" ernannt. Mit diesem Makel behaftet, war die Isarmetropole ein primäres Angriffsziel für alliierte Bomberverbände. Nach dem Wiederaufbau scheint es heute so, als sei die Stadt vom Krieg nahezu verschont geblieben. Viele der geschichtsträchtigen Orte sind erhalten geblieben oder rekonstruiert worden. Der PAST FINDER® führt Sie mit einem übersichtlichen Leitsystem schnell und einfach zu den „Sehenswürdigkeiten" dieser Vergangenheit.

ORIENTIERUNG IM PAST FINDER®
Durchgängige Balken mit der Kapitelbezeichnung im oberen Teil der Seiten leiten Sie zu den entsprechend farbig markierten Karten. Hier finden Sie z.B. Punkt **49** aus dem Text auf dem angegebenen Planquadrat wieder. In der Objektbeschreibung steht zunächst die Art der Nutzung in der NS-Zeit, dahinter (falls das Objekt erhalten ist und umgewidmet wurde) die gegenwärtige Nutzung.

Friedensengel von 1896 am Europaplatz

Legende der Symbole
- ⌂ Architekt und Erbauungsjahr
- → Adresse und Planquadrat auf der entsprechend farbig markierten Karte
- Ⓢ Ⓤ S- und U-Bahnverbindung
- ⏲ Öffnungszeiten
- ▷ Verweis in das Register

ORIENTIERUNG IN MÜNCHEN
München lässt sich bequem zu Fuß erschließen. Alle innerstädtischen Sehenswürdigkeiten liegen dicht beieinander. Großzügige Plätze und Parkanlagen laden zum Verweilen ein. Nutzen Sie die öffentlichen Verkehrsmittel oder das vorbildlich ausgebaute Radwegenetz und mieten Sie sich einfach ein Fahrrad, um die Spuren der Vergangenheit in der bayerischen Landeshauptstadt zu erkunden.

Touristeninformation
→ Hauptbahnhof, Bahnhofplatz 2
⏲ Mo–Sa 9–20, So 10–18 Uhr
→ Neues Rathaus, Marienplatz
⏲ Mo–Fr 10–20, Sa 10–16 Uhr
Fremdenverkehrsamt München, Sendlinger Str. 1, Tel. 089/23 39 65 00, Internet: www.muenchen.de/Tourismus

Münchner Verkehrsverbund (MVV)
Informationen über U-Bahn-, S-Bahn-, Straßenbahn- und Busverbindungen finden Sie in den Schaukästen jeder Haltestelle. Kostenlose Fahrpläne und Auskünfte erhalten Sie in allen Regional- und Fernbahnhöfen. Fahrkarten können an Automaten auf allen Bahnsteigen oder am Schalter erworben werden. Informationen des MVV erhält man telefonisch unter 089/41 42 43 44 oder im Internet unter www.mvv-muenchen.de.

PAST FINDER® MÜNCHEN

Seiten-Register	Außenklappen
Innenstadt	2
„Hauptstadt der Bewegung“	46
Bombenkrieg, Niederlage und Befreiung	56
Außenbezirke	62
Umland	80
Bildnachweis und Literatur	106

CH. LINKS VERLAG, BERLIN

1 Aufmarsch von Göring, Hitler und Entourage an der Feldherrnhalle, 9. November 1935

INNENSTADT Als „Hauptstadt der Bewegung" nahm München eine Sonderstellung im nationalsozialistischen Deutschland ein. Hier befand sich der Verwaltungsapparat der NSDAP, und hier entstanden zahlreiche Repräsentationsbauten des „Dritten Reiches". Nach dem 1. Weltkrieg hatte sich München zum Sammelbecken für nationalistisch-antidemokratische Kräfte entwickelt und damit einen idealen Nährboden für den entstehenden Nationalsozialismus geboten. In dieser Stadt begann Hitler seine politische Karriere. Hier regte sich später aber auch Widerstand – etwa mit Georg Elsers Attentat oder den Aktionen der „Weißen Rose".

1 Feldherrnhalle

⌂ Friedrich von Gärtner, 1844 → Odeonsplatz, Karte C3 Ⓤ Odeonsplatz

In den frühen zwanziger Jahren tat sich Hitler nicht nur als Publikumsmagnet und politischer Organisator der NSDAP hervor, sondern gelangte mit den ihm unterstehenden paramilitärischen Wehrverbänden in Bayern zu einem gefährlichen Machtpotential. Sein Ziel war, die Demokratie von Weimar mit einem Staatsstreich zu beseitigen. Er hatte prominente Unterstützer: Im Oktober 1923 kam der Industrielle Fritz Thyssen nach München, um sich über den geplanten Umsturzversuch zu informieren, und spendete der NS-Bewegung 100.000 Goldmark.
Die Stunde des Zuschlagens sah Hitler gekommen, als der regierende Generalstaatskommissar Gustav von Kahr eine Reihe reichsfeindlicher Entscheidungen traf. In der Erwartung, vom bayerischen Wehrkreiskommando und der Landespolizei unterstützt zu werden, sprengte Hitler am 8. November 1923 eine politische Versammlung Kahrs im ▷ **Bürgerbräukeller**. Er erklärte die Regierungen Bayerns und des Reiches für abgesetzt und proklamierte die Bildung einer „provisorischen deutschen Nationalregierung".
Als Kahr sowie die Chefs von Armee und Polizei ihre lediglich unter Zwang gegebene Zustimmung widerriefen und Gegenmaßnahmen einleiteten, war der Putsch gescheitert. Dennoch marschierten Hitler und seine Anhänger am nächsten Tag schwerbewaffnet in das Münchener Regierungsviertel. An der Feldherrnhalle stoppte die Landespolizei den Zug und eröffnete das Feuer. Noch bevor die Sache entschieden war, suchte Hitler überstürzt das Weite, 16 Putschisten („Blutzeugen") und vier Polizisten kamen ums Leben.
Nachdem Hitler Reichskanzler geworden war, erhob er am 9. November 1933 die Feldherrnhalle zum nationalen Schrein der NS-Bewegung. Es sollte eine geheiligte Stätte sein, zu der die „Alten Kämpfer" bei einer alljährlichen rituellen Nachinszenierung des historischen Marsches immer wieder zurückkehrten. An der Ostflanke des Bauwerks wurde ein Mahnmal errichtet. Hitler ließ eine Gedenktafel mit der Inschrift **„Und Ihr habt doch gesiegt"** sowie den Namen der getöteten Putschisten anbringen. Darunter befand sich eine kleinere Plakette mit den Namen der vier umgekommenen Polizisten. Ein Doppelposten der SS bewachte das Mahnmal von nun an Tag und Nacht.
Auf dem Odeonsplatz leisteten in den folgenden Jahren SS- und Wehrmachtsrekruten bei Massenaufmärschen ihren Fahneneid. Die sterblichen Überreste der 16 „Blutzeugen der Bewegung" wurden exhumiert, am 8. November 1935 im Innern der Feldherrnhalle aufgebahrt und einen Tag später feierlich zur vermeintlich ewigen Ruhe in den **„Ehrentempeln"** am Königsplatz geleitet.
Am 3. Mai 1945 entfernte die US-Armee das nationalsozialistische Mahnmal an der Feldherrnhalle und ließ es einschmelzen. Mittlerweile ist auch das Fundament entfernt worden. Eine in den Bürgersteig eingelassene Gedenkplatte erinnert an die 1923 getöteten Landespolizisten Rudolf Schraut, Friedrich Fink, Nikolaus Hollweg und Max Schobert.

7 Oberstes Parteigericht der NSDAP

2 Bronzespur in der „Drückebergergasse“

1 NS-Mahnmal an der Feldherrnhalle

3 Innenhöfe der Residenz

1 Rekrutenaufmarsch vor der Feldherrnhalle

2
„Drückebergergasse"

⌂ 1998 → Viscardigasse, Karte C3
Ⓤ Odeonsplatz Nachdem das NS-Mahnmal zu Ehren der gefallenen Putschisten an der ▷ **Feldherrnhalle** am 9. November 1933 eingeweiht worden war, wachten hier Tag und Nacht zwei Posten der SS. Jeder Bürger, der die Residenzstraße an dieser Stelle passierte, war verpflichtet, die Hand zum Hitlergruß zu heben. Die einzige Ausweichmöglichkeit bestand darin, die nur wenige Meter hinter der Feldherrnhalle verlaufende Viscardigasse zu benutzen – die „Drückebergergasse", wie der Volksmund sie nannte. Bronzene Pflastersteine erinnern seit 1998 an die damalige Bedeutung des kleinen Umweges.

3
Residenz

⌂ 1385–2003 → Residenzstr. 1, Karte C3
Ⓤ Odeonsplatz Die Residenz war bis zur Revolution 1918 der Herrschersitz der in Bayern regierenden Adelsfamilie der Wittelsbacher. Der prunkvolle Gebäudekomplex, eine kleine Stadt in der Stadt mit eigenen Kirchen, Theatern, Plätzen und Gärten, wurde direkt nach Hitlers Machtübernahme von einem Parteigenossen der Münchener NSDAP in Besitz genommen. SS-Brigadeführer Christian Weber richtete sich hier seinen Wohnsitz ein. Er gehörte zu jenen neureichen Nazis, die nach 1933 ihre Macht schamlos zum persönlichen Vorteil ausnutzten. Seinem wichtigsten Hobby, dem Pferdesport, widmete er sich als Präsident des Münchener Rennvereins und Stifter des „Braunen Bandes", des höchstdotierten Pferderennens in Deutschland. Zudem war er unter anderem Reichstagsabgeordneter und Gründer des Jagdmuseums in München. Sein Privatvermögen belief sich bei Kriegsende auf rund eine Million Reichsmark.
Die Residenz wurde durch einen alliierten Bombenangriff am 18. März 1944 nahezu restlos zerstört. Lediglich die Inneneinrichtung, die man rechtzeitig ausgelagert hatte, blieb im Original erhalten. Das gesamte Ensemble ist nach dem Krieg wiedererrichtet worden und gilt als Meisterwerk architektonischer Rekonstruktion.

4
Platz der Opfer des Nationalsozialismus

⌂ 1985 → Platz der Opfer des Nationalsozialismus, Karte B2 Ⓤ Odeonsplatz
Einst stand an dieser Stelle ein Denkmal von Friedrich Schiller. Es wurde im Krieg durch Bomben zerstört. Heute sind der Platz selbst sowie das Mahnmal, das hier 1985 errichtet wurde, den Opfern des Nationalsozialismus gewidmet. In einem symbolischen Kerker brennt als Zeichen der Freiheit eine ewige Flamme.

5
Gestapo-Zentrale im Wittelsbacher Palais / Bayerische Landesbank

⌂ Friedrich von Gärtner, 1868 → Brienner Str. 20, Karte B2 Ⓤ Odeonsplatz
Im Herbst 1933 siedelte die Bayerische Politische Polizei – die später in die Geheime Staatspolizei (Gestapo) einging – vom ▷ **Polizeipräsidium** an der Ettstraße in das geräumige Wittelsbacher Palais an der Brienner Straße über.
Hier wurden Karteikarten gesammelt, Listen für Verhaftungen und Deportationen erstellt sowie ein Fuhrpark für so genannte Schutzhaft-Transporte bereitgehalten. Gefürchtet war die Gestapo-Zentrale aber vor allem als Haftort und Folterstätte für Gegner des nationalsozialistischen Regimes.
Im Februar 1943 lieferte man die Geschwister Sophie und Hans Scholl von der Widerstandsgruppe ▷ **„Weiße Rose"** in das Wittelsbacher Palais ein. Nach einer ihrer Flugblattaktionen wurden die Aktivisten an der ▷ **Ludwig-Maximilians-Universität** festgenommen und nun stundenlang von der Polizei verhört.

Alliierte Luftangriffe beschädigten das Gebäude 1944 schwer. Die Überreste wurden erst 1964 beseitigt. Einzig der steinerne Portallöwe von Bildhauer Johann Halbig ist erhalten geblieben. Er steht heute, von Bomben lädiert, vor der Katholischen Akademie an der Gunezrainerstraße 9. Eine Replik findet man auf dem Grundstück der Bayerischen Landesbank, dem einstigen Standort des Wittelsbacher Palais.

ZEITSTRAHL MÜNCHENER GESCHICHTE 1900–1958

1900 500.000 Einwohner in München (darunter Lenin)

1914 Beginn des 1. Weltkrieges

1918 Ende des 1. Weltkrieges, Kaiser Wilhelm II. dankt ab

1919 Kurt Eisner erschossen

1920 erste Großveranstaltung der NSDAP

9. November 1923 Marsch zur Feldherrnhalle und Hitler-Putsch

30. Januar 1933 Hitler wird Reichskanzler

22. März 1933 KZ Dachau eröffnet

1934 „Röhm-Putsch"

Kaiserreich | Weimarer Republik

1918 | 1933

6
Haus der Deutschen Ärzte / Oberösterreich-Haus

⌂ Roderich Fick, 1936 → Brienner Str. 23, Karte B2 Ⓤ Odeonsplatz Das Haus der Deutschen Ärzte wurde am 3. November 1936 mit einem großen militärischen Aufmarsch unter Anwesenheit Hitlers eingeweiht. Der Architekt des Gebäudes, Roderich Fick, der als Professor an der Technischen Universität von München lehrte, genoss das besondere Wohlwollen des „Führers". 1939 ernannte dieser ihn zum Reichsbaurat der Stadt Linz. Zudem erhielt Fick zahlreiche Bauaufträge für Hitlers Obersalzberg. Über dem Portal des heutigen Oberösterreich-Hauses befinden sich noch immer die Schlangenskulpturen des einst von Bernhard Bleeker gestalteten Ärzteemblems.

1 Skulpturengruppe in der Feldherrnhalle

7
Oberstes Parteigericht der NSDAP / Staatliche Lotterieverwaltung

⌂ Karl von Fischer, 1812, Carl Kergl, 1956 → Karolinenplatz 4, Karte B2 Ⓤ Königsplatz 1934 wurde der Untersuchungs- und Schlichtungsausschuss (USCHLA) der NSDAP zum Obersten Parteigericht aufgewertet. Walter Buch, Schwiegervater von Parteikanzlei-Chef Martin Bormann, hatte den Vorsitz inne. Buch gehörte innerhalb der NSDAP zu den schärfsten Gegnern von SA-Chef Ernst Röhm und vollzog nach dessen Ermordung 1934 den nachträglichen Parteiausschluss. 1940 enthob das Parteigericht Julius Streicher, den Gauleiter von Franken und Herausgeber des antisemitischen Hetzblattes „Der Stürmer", wegen Korruption aller Ämter. Das Gebäude des Parteigerichts wurde nach Kriegszerstörungen abgetragen und in ähnlicher Form wiederaufgebaut.

8
Reichsführung der NS-Frauenschaft

⌂ Jean-Baptiste Métivier, 1823, Hermann Dürr, 1957 → Karolinenplatz 2, Karte B2 Ⓤ Königsplatz Es waren fast ausschließlich Männer, die im „Dritten Reich" politische Spitzenämter bekleideten. Nur eine einzige Frau duldeten die Mächtigen in ihren Reihen – die „Reichsführerin der NS-Frauenschaft", Gertrud Scholtz-Klink. Sie hatte ihren Dienstsitz am Karolinenplatz. Scholtz-Klink, von Hitler als „Paradefrau" gerühmt,

war Trägerin des Goldenen Ehrenzeichens der NSDAP sowie des Mutterkreuzes in Gold und gab mit ihren elf Kindern ein unübersehbares Vorbild an Gebärfreudigkeit. Noch am Muttertag 1944 forderte sie alle deutschen Frauen zu „Geburtshöchstleistungen" für den „Führer" auf. Sie stand für ein Frauenbild, das Hitler so umschrieben hatte: **„Frauen haben keine Sehnsucht nach dem Büro und dem Parlament. Ein trautes Heim, ein lieber Mann und eine Schar glücklicher Kinder stehen ihrem Herzen näher."**

Bei der Schulungstätigkeit der NS-Frauenschaft ging es folglich in erster Linie darum, künftige Hausfrauen und Mütter auf ihre Aufgaben vorzubereiten. Nach dem Krieg wurde Scholtz-Klink zu 18 Monaten Gefängnis verurteilt. Bis zu ihrem Tod im Jahr 1999 blieb sie eine bekennende Nationalsozialistin. Das Gebäude am Karolinenplatz wurde im Krieg zerstört und 1957 wiederaufgebaut.

9
Päpstliche Nuntiatur, „Stab des Stellvertreters des Führers"

→ Brienner Str. 15 (damalige Anschrift), Karte B2 Ⓤ Königsplatz Seit 1887 befand sich die päpstliche Gesandtschaft in der Brienner Straße. Eugenio Pacelli, der spätere Papst Pius XII., wirkte hier von 1917 bis 1920 als Nuntius des Heiligen Stuhls. Bei der Entstehung des Reichskonkordats von 1933 spielte die Münchener Nuntiatur, die seit 1925 von Alberto Vasallo di Torregrossa geleitet wurde, eine zentrale Rolle. Maßgebliche Verhandlungspartner auf kirchlicher Seite waren der inzwischen zum Kardinalstaatssekretär aufgestiegene Pacelli und der Münchener Kardinal Michael Faulhaber.

Im Mai 1934 wurde die päpstliche Mission in München aufgelöst. Das Gebäude ging in den Besitz der NSDAP über und wurde vom „Stab des Stellvertreters des Führers" genutzt. Es wurde im Krieg zerstört und nicht wiederaufgebaut.

10
„Braunes Haus"

⌂ Jean-Baptiste Métivier, 1828, Paul Ludwig Troost, 1931 → Brienner Str. 45 (damalige Anschrift), Karte B2

Ⓤ Königsplatz Die Reichshauptgeschäftsstelle der NSDAP befand sich seit 1925 in der Schellingstraße 50. Die wachsende Mitgliederzahl machte es Ende der zwanziger Jahre erforderlich, nach einem Alternativstandort zu suchen. 1930 erwarb die NSDAP mit Mitteln des Industriellen Fritz Thyssen und einer Umlage von zwei Reichsmark pro Parteimitglied das repräsentative „Palais Barlow" an der Brienner Straße. Die Bezeichnung „Braunes Haus", zunächst vom Volksmund geprägt, wurde bald offiziell übernommen. Mit den Umbaumaßnahmen beauftragte Hitler seinen Architekten Paul Ludwig Troost. Anfang 1931 war das Palais bezugsfertig.
Über dem Eingangsportal prangte jetzt die Parole **„Deutschland erwache!"**.
Im Erdgeschoss befand sich – neben dem Kartotheksaal für die Mitgliederkartei – der Fahnensaal. Den Mittelpunkt bildete hier die als Reliquie verehrte „Blutfahne" des gescheiterten Putschversuchs von 1923. Im ersten Stock waren die Büros der Reichsleitung der NSDAP, des Befehlshabers der SA, Ernst Röhm, und des Schatzmeisters der Partei untergebracht. Hitler verfügte über ein großes Eckzimmer, das er als Arbeitsraum allerdings selten nutzte. Sein Auslandspressechef Ernst Hanfstaengl schrieb später:

Das NSDAP-Parteiviertel

„Selbst das große Fridericus-Rex-Gemälde an der Wand konnte ihn nicht bewegen, seinen Arbeitsstil der präzisen Pflichterfüllung des von ihm so hochverehrten Preußenkönigs auch nur im entferntesten anzunähern oder etwa gar geregelte Arbeitsstunden und abgesprochene Termine als für ihn verbindlich anzusehen." Nach seiner Ernennung zum Reichskanzler überließ Hitler das Anwesen seinem Stellvertreter Rudolf Heß. Am 7. Januar 1945 wurde das „Braune Haus" durch Luftangriffe schwer beschädigt und 1947 abgebrochen. Heute ist das Grundstück neben den ▷**„Ehrentempeln"** unbebaut.

11
„Führerbau" / Musikhochschule

⌂ Paul Ludwig Troost, Gerdy Troost, Leonhard Gall, 1937 → Arcisstr. 12, (heute Meiserstr. 10) Karte B2 Ⓤ Königsplatz Auf dem Grundstück Arcisstraße 12 stand ursprünglich das Haus des jüdischen Mathematikprofessors Alfred Pringsheim, des Schwiegervaters von Thomas Mann. 1933 musste das Gebäude an die NSDAP verkauft werden. Es wurde sofort abgerissen, um Platz zu schaffen für den „Führerbau", den der Architekt Paul Ludwig Troost als Teil eines neuen „Forums der Partei" am Königsplatz konzipiert hatte (zusammen mit dem ▷**Verwaltungsbau der NSDAP** und den beiden ▷**„Ehrentempeln"**). Im September 1933 begann die Errichtung des „Führerbaus", eingeweiht wurde er 1937 anlässlich eines Staatsbesuchs des italienischen Diktators Benito Mussolini. Als Dienstsitz Hitlers in München hatte der Bau vor allem repräsentativen Charakter. Das Arbeitszimmer Hitlers mit dem angegliederten „Führerbalkon" befand sich im ersten Obergeschoss. Im Luftschutzkeller wurden sämtliche Kunstgegenstände eingelagert, die der „Sonderauftrag Linz" für ein geplantes Museum in Hitlers Jugendstadt gesammelt hatte. Diese Räume waren Teil eines unterirdischen Tunnelsystems, das die wichtigsten Parteibauten in der Maxvorstadt miteinander verband.

Am 30. September 1938 wurde im „Führerbau" das Münchener Abkommen unterzeichnet. Damit besiegelten der britische Premierminister Neville Chamberlain und der französische Premierminister Édouard Daladier zusammen mit Hitler und Mussolini die Abtretung des Sudetenlandes an das Deutsche Reich. Die Übereinkunft war Höhepunkt des westlichen „Appeasements", jener Beschwichtigungspolitik, mit der Großbritannien und Frankreich – vergeblich – einen Krieg in Europa zu vermeiden suchten.

In dem nahezu unversehrt gebliebenen Gebäude hatte ab Juli 1948 das „Amerikahaus" seinen Sitz, das den Münchenern die Werte der westlichen Demokratie vermitteln sollte. Über dem Eingangsportal ersetzte das Adlersiegel der Vereinigten Staaten den Reichsadler mit Hakenkreuz. Heute beherbergt der Bau die Musikhochschule.

12
Verwaltungsbau der NSDAP / Zentralinstitut für Kunstgeschichte, Museum für Abgüsse Plastischer Bildwerke

⌂ Paul Ludwig Troost, Gerdy Troost, Leonhard Gall, 1937 → Meiserstr. 10, Karte B2 Ⓤ Königsplatz Zeitgleich mit dem ▷**„Führerbau"** entstand an der Arcisstraße (heute heißt dieser Abschnitt Meiserstraße) auch der äußerlich fast identische Verwaltungsbau der NSDAP. Beide Parteibauten waren den ▷**„Ehrentempeln"** am Königsplatz zugeordnet und wurden der Öffentlichkeit erstmals 1934 in einer Ausstellung präsentiert. Zu diesem Zeitpunkt war Troost, der zu Hitlers kongenialem Architekten hochstilisiert wurde, bereits gestorben. Seine Frau Gerdy Troost und sein Büroleiter Leonhard Gall setzten die Arbeiten fort und zeichneten besonders für die Innenarchitektur verantwortlich. Der Verwaltungsbau, der durch einen 105 Meter langen Tunnel unter der Brienner Straße mit dem ▷**„Führerbau"** verbunden war, diente vor allem als Amtssitz des Reichsschatzmeisters der Partei und

12 Verwaltungsbau der NSDAP und die „Ehrentempel“ im Hintergrund

11 Hitlers Arbeitszimmer

11 Wohnhalle im „Führerbau“

13 SS-Wachen am „Ehrentempel“

11 Wandelhalle im „Führerbau“

11 „Führerbau“ bei Nacht, hell erleuchtet Hitlers Arbeitszimmer

Die „Ehrentempel“ am Königsplatz

beherbergte das große Magazin mit der zentralen Personalkartei der NSDAP. In eisernen Schränken, die teilweise noch erhalten sind, befanden sich die Karten von zuletzt nahezu 8,5 Millionen Parteimitgliedern. Kurz vor Kriegsende brachte man die brisanten Unterlagen in eine Papiermühle, wo sie laut Anordnung beseitigt werden sollten. Der Inhaber lagerte sie jedoch lediglich im Keller ein. So fiel der gesamte Bestand im Herbst 1945 den Amerikanern in die Hände, die das Datenmaterial in das „Berlin Document Center“ aufnahmen und zur Grundlage ihrer Entnazifizierungsmaßnahmen machten. Den Verwaltungsbau der NSDAP verwendete die US-Besatzungsmacht als „Central Collecting Point“ für Kunstschätze, die von den Nazis geraubt worden waren. Heute sind hier das Zentralinstitut für Kunstgeschichte sowie das Museum für Abgüsse Plastischer Bildwerke untergebracht.

13
„Ehrentempel“

⌂ Paul Ludwig Troost, 1935 → Arcisstr/ Meiserstr. Ecke Brienner Str., Karte B2
Ⓤ Königsplatz Seit März 1935 entstanden die beiden „Ehrentempel“ für die 16 „Blutzeugen der Bewegung“, die beim Hitler-Putsch 1923 von der Polizei erschossen worden waren. Am 9. November 1935, dem 12. Jahrestag des Umsturzversuchs, geleitete man ihre sterblichen Überreste in einer pompösen Inszenierung von der ⊳ **Feldherrnhalle** zu dem neuen Heiligtum am Königsplatz. Jeweils acht der eisernen Sarkophage wurden im Boden der zum Himmel offenen Pfeilerhallen beigesetzt. Je zwei SS-Posten traten zur „Ewigen Wache“ an. Im Juni 1945 wies US-General Dwight D. Eisenhower die Militärregierung in Bayern an, diese „Nazi Monuments“ umgehend zu entfernen. Am 9. und 16. Januar 1947 wurden die Bauwerke gesprengt. Erhalten sind nur die Sockel der „Ehrentempel“. Sie blieben von der Sprengung verschont, weil man die in den beiden benachbarten Parteibauten gelagerten Kunstwerke nicht gefährden wollte. Eine Schautafel informiert dort heute über die Geschichte des ehemaligen Parteiviertels der NSDAP.

14
Königsplatz

⌂ Leo von Klenze, 1816–1862, Paul Ludwig Troost, 1935 → Karte B2
Ⓤ Königsplatz Für den Königsplatz interessierte sich die NSDAP schon vor 1933. Das Areal, einst Symbol für den Herrscherwillen der Wittelsbacher, bot sich als Aufmarschstätte geradezu an. Ähnliche Vorstellungen hatten allerdings auch andere. Der Architekt Otho Orlando Kurz plante bereits 1924, hier einen „Vaterländischen Heldenplatz“ mit symbolischen Sarkophagen anzulegen. Im März 1935 begann, nach Plänen von Paul Ludwig

13 Eisensärge der „Blutzeugen“

Troost, die Umgestaltung des nun „Königlicher Platz" genannten Forums im nationalsozialistischen Sinne. Die bisherige Rasenfläche verschwand unter 22.000 Granitplatten, an den Flanken errichtete man 18 gusseiserne Lichtträger und zwei 33 Meter hohe Fahnenmasten. 1988 wurden die Granitplatten wieder entfernt und der Königsplatz erneut begrünt.
Nach Hitlers Machtübernahme hatte der Königsplatz ein frühes Kapitel nationalsozialistischer Gewaltherrschaft erlebt – die Bücherverbrennung, die in München von Studenten beider Hochschulen organisiert wurde. Am 10. Mai 1933 fand im Lichthof der ▷ **Ludwig-Maximilians-Universität** eine „Feier der nationalen Revolution" statt, der ein großer Fackelzug zum Königsplatz folgte. Während hier die „marxistischen, jüdischen, pazifistischen Zersetzungsschriften" auf den lodernden Scheiterhaufen landeten, benannte man in „Feuersprüchen" die angeblichen Verfehlungen der geächteten Autoren:

- Karl Marx und Karl Kautsky – **„Klassenkampf und Materialismus"**
- Heinrich Mann, Ernst Gläser und Erich Kästner – **„Dekadenz und moralischer Verfall"**
- Friedrich Wilhelm Förster – **„Gesinnungslumperei und politischer Verrat"**
- Emil Ludwig und Werner Hegemann – **„Verfälschung unserer Geschichte und Herabwürdigung ihrer großen Gestalten"**
- Theodor Wolff und Georg Bernhard – **„volksfremder Journalismus demokratisch-jüdischer Prägung"**
- Erich Maria Remarque – **„literarischer Verrat am Soldaten des Weltkrieges"**
- Alfred Kerr – **„dünkelhafte Verhunzung der deutschen Sprache"**
- Kurt Tucholsky und Carl von Ossietzky – **„Frechheit und Anmaßung"**
- Sigmund Freud – **„seelenzerfressende Überschätzung des Trieblebens"**

Die Bücher des Münchener Schriftstellers Oskar Maria Graf blieben verschont, weil sie von den Initiatoren des Spektakels fehlgedeutet wurden. Aus dem Exil forderte Graf in der Wiener „Arbeiterzeitung" provozierend Nachbesserung: **„Verbrennt mich!"**

Paul Ludwig Troost 1878–1934

Paul Ludwig Troost wurde am 17. August 1878 in Wuppertal-Elberfeld geboren. Er studierte Architektur in Darmstadt und kam 1900 nach München, um bei dem Architekten Martin Dülfer und den Vereinigten Werkstätten für Kunst im Handwerk zu arbeiten. In den folgenden Jahren betätigte er sich vorwiegend als Innenarchitekt. Bekannt wurde er durch die Ausstattung von Luxusdampfern; seit 1912 richtete er für den Norddeutschen Lloyd Schiffe der Amerika-Linie ein.

In München lernte er über die wohlhabende Verlegersgattin Elsa Bruckmann Adolf Hitler kennen, der ihn beauftragte, seine Wohnung am Prinzregentenplatz einzurichten.
Er wurde zum „ersten Baumeister des Führers" (eine Rolle, die später Architekt Albert Speer übernehmen sollte) und zeichnete in München unter anderem verantwortlich für den ▷ **Verwaltungsbau der NSDAP**, den ▷ **„Führerbau"**, die ▷ **„Ehrentempel"**, die Umgestaltung des ▷ **Königsplatzes** sowie das ▷ **Haus der Deutschen Kunst**.
Die Fertigstellung der Bauarbeiten erlebte Troost nicht mehr. Er starb bereits am 21. Januar 1934. Seine Frau Gerdy Troost vollendete die Projekte und wurde zur einflussreichen Beraterin Hitlers. Der Stil Paul Ludwig Troosts galt fortan als Vorbild für nationalsozialistische Repräsentationsbauten. Nach dem Tod des Architekten wurde in der NS-Zeit sein Werk kanonisiert.

15
„Wunden der Erinnerung" I

⌂ Andreas von Weizsäcker, Beate Passow
→ Arcisstr., Karte B2 Ⓤ Theresienstraße
„Wunden der Erinnerung" ist ein europaweites Projekt der Künstler Beate Passow und Andreas von Weizsäcker. Durchschossene Bücher in einem tschechischen Stadtarchiv, Kampfspuren an einer Brücke in den Niederlanden oder von Bombensplittern versehrte Bäume in Belgien – solche noch sichtbaren Zeugnisse des 2. Weltkrieges werden als Denkmal kenntlich gemacht und mit Sicherheitsglas abgedeckt. Darauf befindet sich in der jeweiligen Landessprache der Schriftzug „Wunden der Erinnerung". In München ist es unter anderem die Skulptur eines Pferdebändigers an der Westseite der Alten Pinakothek, die mit ihren Einschusslöchern an die Schrecken des Krieges erinnert.

16
Wohnung Adolf Hitler I

→ Schleißheimer Str. 34, Karte A1
Ⓤ Theresienstraße Am 25. Mai 1913, einem Sonntag, kamen mit dem Zug aus Wien zwei junge Männer am Münchener Hauptbahnhof an. Einer von ihnen war der damals 24-jährige Adolf Hitler.
Er trug einen leichten schwarzen Koffer und war an diesem Tag besser gekleidet als in dem sonst üblichen schäbigen Anzug. Zusammen mit dem arbeitslosen Verkäufer Rudolf Häusler, mit dem er in Wien im Männerheim gewohnt hatte, siedelte Hitler ins Deutsche Reich über, wohl hauptsächlich deshalb, um sich dem österreichischen Militärdienst zu entziehen. In der Schleißheimer Straße 34, in einer ärmlichen Gegend am Rande des Stadtteils Maxvorstadt, fanden die beiden noch am selben Tag ein Zimmer bei dem Schneider Joseph Popp. Der kleine Raum im dritten Stock links war etwa 2,5 mal fünf Meter groß und mit Bett, Sofa und Schrank nur bescheiden möbliert. Die wöchentliche Miete soll für jeden drei Reichsmark betragen haben. Bis Mitte Februar 1914 wohnten die beiden hier zusammen.
Nach 1933 erhielt das heute noch erhaltene Mietshaus eine Gedenktafel mit der Aufschrift: **„In diesem Haus wohnte Adolf Hitler in der Zeit vom Frühjahr 1913 bis zum Tage seines freiwilligen Eintritts in den Kriegsdienst im August 1914."**

17
Kanzlei des „Stellvertreters des Führers"

→ Meiserstr. 11, Karte A2 Ⓤ Königsplatz 1936 erwarben die Nationalsozialisten das frühere Palais Moy, schräg gegenüber dem ▷**Verwaltungsbau der NSDAP**. Bestimmt war das Anwesen für den „Stab des Stellvertreters des Führers". Seit dem 21. April 1933 nahm Rudolf Heß diese Position ein. Die Zahl seiner Mitarbeiter verdoppelte sich innerhalb von fünf Jahren. Einige seiner Büros waren im ▷**„Führerbau"** und im ▷**„Braunen Haus"** untergebracht, ansonsten lagen die verschiedenen Abteilungen über ein Dutzend weiterer Gebäude verstreut. Heute ist das Palais im Besitz der Evangelisch-Lutherischen Landeskirche.

18
Reichszentrale für die Durchführung des Vierjahresplans bei der NSDAP

→ Meiserstr. 9, Karte A2 Ⓤ Königsplatz
Dieses eher unauffällige Gebäude wurde 1937 von den Nazis erworben und beherbergte fortan die „Reichszentralstelle für die Durchführung des Vierjahresplans bei der NSDAP". Der (zweite) Vierjahresplan ging auf eine geheime Denkschrift Hitlers vom August 1936 zurück. Die deutsche Wirtschaft, so die Vorgabe, müsse innerhalb von vier Jahren „kriegsfähig" sein. Das wirtschaftliche Potential sollte erweitert, das Reich zudem autark und damit blockadefest gemacht werden. In diesem Sinne griff die Behörde unter Hermann Göring durch verordnete Programme in die Produktion der privaten Wirtschaft ein. Vor allem die Rohstoffbeschaffung sowie die Erzeugung von Treibstoff, Stahl und Gummi für die Rüstungsindustrie schufen massenhaft Arbeitsplätze und brachten vielen deutschen Unternehmen immense Gewinne. Finanziert wurde das Vorhaben durch eine hemmungslose Staatsverschuldung, die 1945 etwa bei 450 Milliarden Reichsmark lag.

14 Blick über den Königsplatz auf die „Ehrentempel" sowie den „Führer-" und Verwaltungsbau

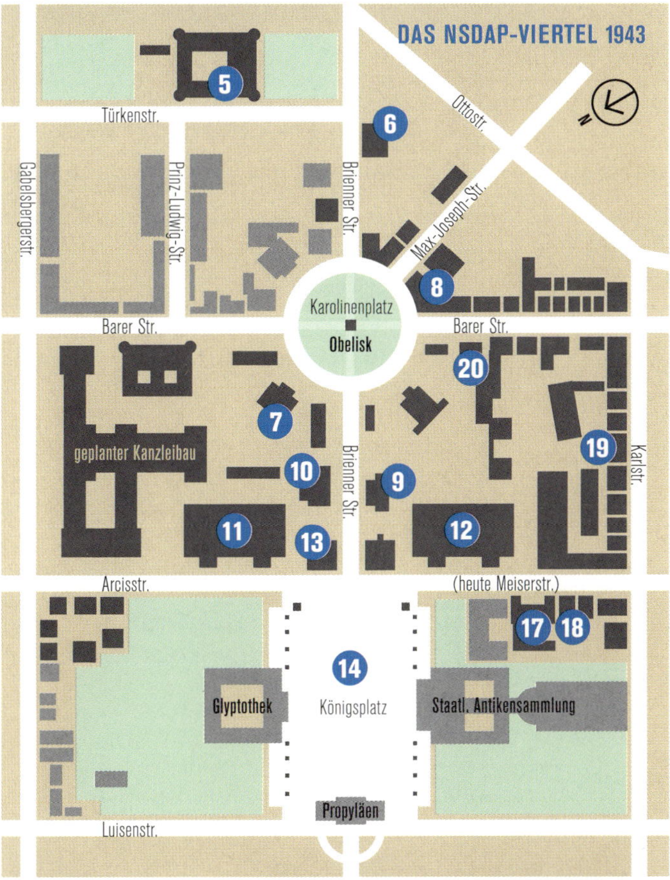

11 Treppenhalle im „Führerbau"

13 SS-Wache am „Ehrentempel"

Ernst Hanfstaengl 1887–1975

Ernst F. Sedgwick Hanfstaengl, genannt „Putzi", gehörte während der zwanziger Jahre zu Hitlers engsten Begleitern und Helfern. Er ermöglichte dem ehemaligen Gefreiten maßgeblich den Zugang zu Münchens exklusiver Gesellschaft. Hanfstaengl war Sohn einer betuchten deutsch-amerikanischen Familie, deren Kunstverlag mit Sitz in München über Filialen in Berlin, Rom, Paris, London und New York verfügte. Während seines Studiums in Harvard lernte Hanfstaengl den späteren US-Präsidenten Franklin D. Roosevelt kennen. Nach dem Examen leitete er die Filiale des familieneigenen Verlages an der Fifth Avenue in New York. Während des 1. Weltkrieges kehrte er wegen der antideutschen Stimmung in den USA nach München zurück. Hitler lernte er 1922 bei einem von dessen Redeauftritten im Kindlbräu kennen. Fortan spendete er der NSDAP regelmäßig beachtliche Summen US-Dollar und wurde so bald zur unentbehrlichen Geldquelle für die Partei. 1931 revanchierte sich Hitler für Hanfstaengls Unterstützung und ernannte ihn zum Auslandspressechef der NSDAP. Weil Göring und Goebbels bei Hitler gegen ihn intrigierten und er zudem einen Anschlag seiner früheren „Freunde" fürchtete, floh Hanfstaengl im Februar 1937 nach London. In den USA war er von 1942 bis 1944 bei der Roosevelt-Administration als Berater für psychologische Kriegführung tätig. Nach dem Krieg kam er nach München zurück und veröffentlichte seine Memoiren unter dem Titel **„Zwischen Weißem und Braunem Haus"**. Hanfstaengl starb am 6. November 1975 in München.

19
Reichspressestelle und Auslandspressestelle der NSDAP

→ Karlstr. 18, Karte B2 Ⓢ Ⓤ Karlsplatz (Stachus) Seit 1933 erwarb die NSDAP systematisch Gebäude an der Karlstraße für ihre administrativen Zwecke. Neben der Reichspresse- und Auslandspressestelle befanden sich hier unter anderem auch die Reichsjugendführung unter Baldur von Schirach (Nr. 14), die Reichspropagandaleitung (Nr. 20) sowie – seit 1936 – die Reichsführung SS (Nr. 10). Präsident der Reichspressekammer und damit verantwortlich für die ideologische Gleichschaltung der deutschen Presse im Sinne der NSDAP war seit 1933 Max Amann. Zum Auslandspressechef ernannte Hitler 1931 seinen Förderer Ernst Hanfstaengl. Der Harvard-Absolvent hatte für den familieneigenen Kunstverlag in den USA gearbeitet, war sprachgewandt und verfügte über beste Kontakte zu gehobenen Kreisen. In den folgenden Jahren suchte er Hitlers Image im Ausland zu verbessern, musste 1937 jedoch selbst vor den NS-Machthabern emigrieren. Das Haus Karlstraße 18 wird heute von der Evangelisch-Lutherischen Landeskirche genutzt.

20
Oberste SA-Führung

→ Barer Str. 7–11, Karte B2 Ⓢ Ⓤ Karlsplatz (Stachus) Während der Weltwirtschaftskrise wuchs die Sturmabteilung der NSDAP (SA) zu einer schlagkräftigen Massenorganisation heran. Die nach dem 1. Weltkrieg mehrheitlich aus ehemaligen Soldaten gebildete Truppe, die Ordnerdienste bei Parteiveranstaltungen übernahm und sich auf der Straße mit politischen Gegnern prügelte, genoss nun regen Zulauf von Arbeitslosen. 1932 verließ die Oberste SA-Führung unter Ernst Röhm das ▷ **„Braune Haus"** und bezog ein Gebäude in der Brienner Str. 43. Zwei Jahre später war die Mitgliederzahl der SA auf rund vier Millionen angestiegen. Im Zuge dieser Expansion verlegte Röhm seinen Dienstsitz 1934 in die Räume der ehemaligen Hotels „Union" und „Marienbad" an der Barer Straße. Die beiden Häuser sind heute noch erhalten.

21
Landesfinanzamt / Oberfinanzdirektion

⌂ Franz Stadler, 1942 → Sophienstr. 6, Karte B2 Ⓢ Ⓤ Karlsplatz (Stachus) Der Gebäudekomplex wurde zwischen 1938 und 1942 für das Landesfinanzamt errichtet. Im Sommer 1945 zog die US-Militärbehörde ein. Wenig später eröffnete sie hier das „Amerikahaus", das zur politischen Umerziehung der Deutschen beitragen sollte (ab 1948 war dieses dann im früheren ▷ **„Führerbau"** ansässig). Von Mai 1947 bis Januar 1949 tagte der Bayerische Landtag in dem Gebäude. Heute zeugt nicht nur das monumentale Erscheinungsbild des Anwesens vom Geschmack der NS-Zeit. An der Außenfassade prangt über dem Haupteingang ein Hoheitsadler des „Dritten Reiches", allerdings in entnazifizierter Form, denn das Hakenkreuz wurde aus seinen Fängen entfernt. Im Vorhof stößt man über der dreifachen Eingangstür auf einen weniger problematischen Artgenossen, der den Freistaat repräsentiert. Dieser Adler hatte schon immer zwei bayerische Löwen nebst Wappen unter seinen Fittichen.

22
Justizpalast

⌂ Friedrich von Thiersch, 1897 → Elisenstr. 1a, Karte A3 Ⓢ Ⓤ Karlsplatz (Stachus) Am 18. Februar 1943 konnte Gauleiter Paul Giesler dem Chef der Parteikanzlei, Martin Bormann, die Festnahme von „Hochverrätern" an der Münchener Universität vermelden. Am Vormittag waren Hans und Sophie Scholl von der Widerstandsgruppe ▷ **„Die Weiße Rose"** bei einer Flugblattaktion im Hochschulgebäude beobachtet und festgenommen worden. Man brachte sie zur ▷ **Gestapo-Zentrale** im Wittelsbacher Palais und verhörte sie stundenlang.

Da die Anklage der Staatsanwaltschaft unter anderem auf **„Vorbereitung zum Hochverrat"** lautete, kam für eine Verhandlung nur der zentrale, 1934 eingerichtete „Volksgerichtshof" in Frage. Roland Freisler, der Präsident des mit besonders fanatischen NS-Juristen besetzten Tribunals, kam von Berlin aus per Flugzeug nach München, um hier ein Sondergericht des „Volksgerichtshofs" zu konstituieren.

Am 22. Februar 1943 fand im Justizpalast der Prozess gegen die Geschwister Scholl und ihren Mitverschwörer Christoph Probst statt. Mutig verteidigten die Widerständler ihre Taten vor Freisler, dem für seinen Fanatismus und seinen Jähzorn berüchtigten „Blutrichter". Sophie Scholl sagte: **„Einer muss ja doch schließlich damit anfangen. Was wir sagten und schrieben, denken ja so viele. Nur wagen sie nicht, es auszusprechen. (...) Sie wissen so gut wie ich, dass der Krieg verloren ist. Warum geben Sie das nicht zu?"**

Unmittelbar darauf erging das Todesurteil gegen die drei Studenten. Noch am selben Tag wurden sie im ▷ **Gefängnis Stadelheim** hingerichtet. Zwei Monate später verurteilte man drei weitere Mitglieder der „Weißen Rose" zum Tode.

19 Eingang zur Reichspressestelle

15 Skulptur mit Einschusslöchern

21 Landesfinanzamt

21 Eingangsportal der Oberfinanzdirektion

27 Ständige NS-Ausstellung im Stadtmuseum

27 Erinnerung an das Kaufhaus Uhlfelder

24 Dienstsitz von Heinrich Himmler

Der im Krieg zerstörte Justizpalast wurde nach 1945 wieder aufgebaut. Im großen Lichthof des Gebäudes sind heute wechselnde Ausstellungen zur Justizgeschichte zu sehen.

23
Matthäuskirche

⌂ 1833, Gustav Gsaenger, 1955
→ Sonnenstr. Ecke Schwanthalerstr./ Nußbaumstr. 1, Karte A3 Ⓢ Ⓤ Karlsplatz (Stachus) / Ⓤ Sendlinger Tor

Am 11. Juni 1938, nur zwei Tage nach Beginn der Abbrucharbeiten an der ▷**Hauptsynagoge**, teilte Gauleiter Adolf Wagner dem evangelischen Landesbischof Hans Meiser mit, dass auch die Matthäuskirche, die Hauptkirche der Münchener Protestanten, in 48 Stunden abgerissen werde. Das Gebäude müsse dem geplanten „Neuausbau der Hauptstadt der Bewegung" weichen, begründete der „Völkische Beobachter" die Zerstörungsaktion. Der letzte Hauptgottesdienst in der Kirche fand am 12. Juni statt – in Anwesenheit von Gestapo-Spitzeln, weshalb Meiser sich in seiner Predigt vorsichtig ausdrückte: **„Niemand konnte es glauben, als die Nachricht unsere Stadt durcheilte, dass unsere Matthäuskirche, die älteste evangelische Kirche Münchens, die Mutterkirche aller unserer hiesigen Gemeinden, in der wie in keiner anderen die Geschichte der Gesamtgemeinde Münchens vom Anfang an verkörpert ist, in Bälde nicht mehr sein wird. Und doch ist es so."**

Vier Wochen später war der Sakralbau von 1833 aus dem Stadtbild verschwunden. Der Gemeinde wurde schließlich eine neue Matthäuskirche versprochen. Als Standort ordnete Hitler die Krankenhausanlagen am Sendlinger-Tor-Platz an. Dort wurde sie erst in der Nachkriegszeit gebaut und 1955 eingeweiht.

24
Polizeipräsidium

⌂ Theodor Fischer, 1914 → Ettstr. 2, Karte B3 Ⓢ Ⓤ Karlsplatz (Stachus)

Die Geschichte der nationalsozialistischen Verfolgungsbürokratie begann an den Schreibtischen des Polizeipräsidiums in der Ettstraße. SS-Chef Heinrich Himmler fungierte im Frühjahr 1933 als Münchener Polizeipräsident sowie als politischer Polizeikommandeur Bayerns und organisierte von hier aus die (bald Gestapo genannte) Politische Polizei in allen deutschen Ländern. Zur Seite stand ihm dabei sein Vertrauter Reinhard Heydrich, der spätere Chef des Reichssicherheitshauptamtes. Heydrich übernahm im März 1933 die Leitung der Bayerischen Politischen Polizei (diese bezog im Herbst 1933 das Wittelsbacher Palais als künftige ▷**Gestapo-Zentrale**).

In den Wochen nach Hitlers Machtübernahme wurden in München Tausende von Menschen aus politischen Gründen verhaftet. Das Polizeigefängnis in der Ettstraße war bald an den Grenzen seiner Kapazitäten angelangt, und am 20. März 1933 richtete das Polizeipräsidium im nahe gelegenen Dachau das erste deutsche Konzentrationslager ein.
Das Gebäude in der Ettstraße wird heute noch als Polizeipräsidium genutzt.

25
Redaktionshaus „Münchener Post"

→ Altheimer Eck 13, Karte B3 Ⓢ Ⓤ Marienplatz Die Übernahme der Regierungsgewalt durch Hitler verschaffte der paramilitärischen SA die offizielle Rückendeckung, um bedenkenlos gegen politische Gegner vorgehen zu können. Schon lange hatten NS-Aktivisten die Redaktion der SPD-Zeitung „Münchener Post" im Visier. Mit Morddrohungen und Verleumdungen versuchten sie, die **„rote Giftküche"** auszuschalten. Nach dem 30. Januar 1933 konnte das Blatt noch mehrere Wochen erscheinen. Am 9. März jedoch stürmten Schlägertrupps der SA – gedeckt von der Münchener Polizei – zahlreiche sozialdemokratische und kommunistische Einrichtungen, darunter auch das Redaktionshaus der „Münchener Post". Man verwüstete die Büros, zerstörte die Druckmaschinen, warf Möbel und Schreibmaschinen auf die Straße. Die Versicherung der Zeitung hatte anschließend die Renovierungskosten zu übernehmen, damit die SA in dem Gebäude eine Freizeit- und Erholungsstätte einrichten konnte.

Spuren jüdischen Lebens

26
Hauptsynagoge

⌂ Albert Schmid, 1887 → Herzog-Max-Str. 7 (damalige Anschrift), Karte B3 Ⓢ Ⓤ Karlsplatz (Stachus) Die Münchener Hauptsynagoge war 1887 als drittgrößtes jüdisches Gebetshaus in Deutschland eingeweiht worden und prägte seither zusammen mit den Türmen der Frauenkirche die Silhouette der Stadt. Anfang Juni 1938 wurde der Israelitischen Kultusgemeinde mitgeteilt, dass ihre Hauptsynagoge abgerissen werde, weil man das Grundstück für einen Parkplatz benötige. Schon am nächsten Tag begannen die Abbrucharbeiten. Das antisemitische Hetzblatt „Der Stürmer" triumphierte: **„Ein Schandfleck verschwindet!"** Nach vier Wochen war das jüdische Gotteshaus gänzlich abgetragen. Wahrscheinlich hatte die Zerstörungsaktion auch damit zu tun, dass sich der „Führer" persönlich durch die Synagoge gestört fühlte. Sie stand direkt neben dem Künstlerhaus, in dem Hitler nach Theaterbesuchen einzukehren pflegte. Die kostbare Inneneinrichtung konnte von Mitgliedern der Gemeinde gerettet werden.
Nach dem Krieg wurde das Grundstück zur Grünanlage umgestaltet. An die frühere Synagoge erinnert seit dem 9. November 1969 ein Gedenkstein, den der damalige Oberbürgermeister Hans-Jochen Vogel einweihte.

26 Abbruch der Hauptsynagoge, 1938

27
Kaufhaus Uhlfelder / Münchner Stadtmuseum

→ Rosental 16, Karte B4 Ⓢ Ⓤ Marienplatz Das Kaufhaus Heinrich Uhlfelder ging aus einem 1878 eröffneten jüdischen Haushalts- und Galanteriewarengeschäft hervor. Mit einer Fläche von 7.000 Quadratmetern und bis zu 1.000 Angestellten entwickelte sich Uhlfelder bis 1930 zu Münchens zweitgrößtem Kaufhaus nach Tietz/Hertie.
In der Pogromnacht des 9. November 1938 wurde das Kaufhaus von SA-Truppen geplündert, verwüstet und in Brand gesteckt. Den Geschäftsinhaber Max Uhlfelder und seinen Sohn lieferte man, wie etwa 1.000 weitere Juden, ins ▷ **Konzentrationslager Dachau** ein. Nach seiner Freilassung im Januar 1939 emigrierte Uhlfelder zunächst nach Indien, später in die USA. Das gesamte Vermögen der Familie wurde beschlagnahmt, anschließend betrieb die Münchener „Arisierungsstelle" die Liquidation des Kaufhauses. Der Lagerbestand ging an interessierte Einzelhändler, die Grundstücke wurden der Löwenbräu AG zugeschlagen.
1949 kehrte Max Uhlfelder nach München zurück. In unzähligen Wiedergutmachungsverfahren kämpfte er größtenteils erfolgreich um Entschädigungen. Das Grundstück des durch Bomben vollends zerstörten Kaufhauses verkaufte er an die Kommune, diese nutzte es zur Erweiterung des Münchner Stadtmuseums. Ein Namenszug in Leuchtschrift an der Längsseite des Gebäudes erinnert heute an das Kaufhaus Uhlfelder.

28
Jüdisches Museum München

⌂ Wandel Hoefer Lorch, 2005 → St.-Jakobs-Platz, Karte B4 Ⓢ Ⓤ Marienplatz Die Spuren jüdischen Lebens in München lassen sich bis ins 13. Jahrhundert zurückverfolgen. Bereits 1930 wurde der Israelitische Museumsverein gegründet, der die Geschichte der Juden in der Stadt dokumentieren wollte. Das Vorhaben wurde durch den NS-Terror zerschlagen. Erst in jüngster Zeit knüpfte man wieder an die einstigen Pläne an, und so entstand im Herzen Münchens das Jüdische Museum, das 2007 eröffnet wird. Gegenwärtig gibt es eine historische Ausstellung in der ▷ **Reichenbach-Synagoge.**

29
Reichenbach-Synagoge

⌂ 1931 → Reichenbachstr. 27, Karte C4
🕒 Di 14–18, Mi 10–12, 14–18,
Do 14–20 Uhr Ⓤ Fraunhoferstraße
Am 5. September 1931 weihte die ostjüdische Glaubensgemeinschaft ihre Synagoge in der Reichenbachstraße ein. Vom Novemberpogrom 1938 wurde das Gebetshaus schwer getroffen. SA-Männer verwüsteten die Inneneinrichtung und setzten das Gebäude anschließend in Brand. Wie in anderen Orten des Reiches beschränkte sich die Feuerwehr darauf, ein Übergreifen des Feuers auf Nachbarhäuser zu verhindern. Der Bau blieb zwar stehen, konnte aber nicht mehr genutzt werden. Gottesdienste fanden nun im Rückgebäude der Lindwurmstraße 125 statt, wo die Jüdische Kultusgemeinde eine Synagoge und Verwaltungsräume einrichtete. Seit 1933 war die jüdische Gemeinde durch den wachsenden Druck zur Auswanderung stetig geschrumpft. Im November 1941 begann die Deportation der verbliebenen Münchner Juden in osteuropäische Vernichtungslager. Insgesamt wurden etwa 3.000 Juden aus der Stadt verschleppt.

Nach dem Krieg konnte die Reichenbach-Synagoge im Mai 1947 als erste in Deutschland wieder eingeweiht werden. Bis zur Fertigstellung des ▷ **Jüdischen Museums** befindet sich hier eine Ausstellung zur Geschichte der Juden in München.

Der Holocaust in München

Die Verfolgung der Juden im nationalsozialistischen Deutschland erreichte mit dem Novemberpogrom von 1938 einen ersten Höhepunkt. Auch in München wurden zahlreiche jüdische Einrichtungen und Betriebe von SA-Trupps geplündert und in Brand gesteckt. Aus dem ganzen Reich verschleppte man über 10.000 Juden ins ▷ **Konzentrationslager Dachau**. Ab 1939 wurden in München jüdische Mieter systematisch aus ihren Wohnungen vertrieben. Sie kamen zunächst in so genannte „Judenhäuser". Im Frühjahr und Sommer

Mitgliederentwicklung der Israelitischen Kultusgemeinde Münchens 1933–1944

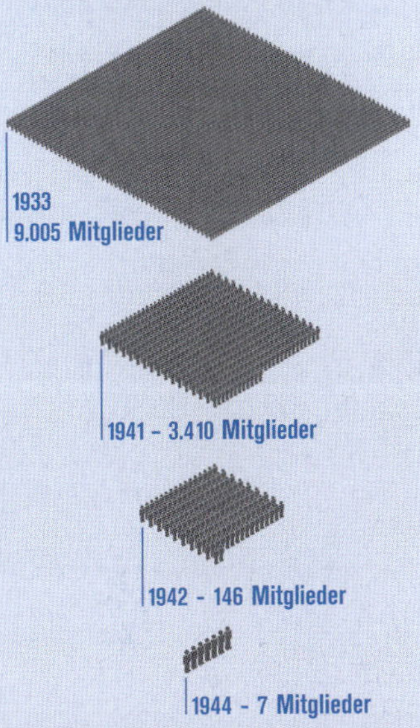

1941 ließ die ▷ **„Arisierungsstelle"**, die zentrale Behörde für antisemitische Maßnahmen in München, zwei Sammellager einrichten: die ▷ „Judensiedlung" an der Knorrstraße in Milbertshofen und die ▷ **„Heimanlage für Juden"** im Kloster der Barmherzigen Schwestern in Berg am Laim. Von hier aus wurden die Münchener Juden ab November 1941 in Konzentrations- und Vernichtungslager deportiert. Insgesamt gab es 43 Transporte, fast alle der etwa 3.000 Verschleppten wurden ermordet. Hatten 1933 noch 19.000 Juden in München gelebt, so waren es bei Kriegsende gerade noch 84. Die Israelitische Kultusgemeinde zählte 1944 nur noch sieben Mitglieder.

32 Eingangsportal zum Hofbräuhaus

30 Portal des Süddeutschen Verlagshauses

32 Emblem des Hofbräuhauses

32 Bayerische Flaggen in Form eines Hakenkreuzes an der Decke des Hofbräuhauses

34 Eingang zum Sterneckerbräu

30 Gedenktafel für Dr. Fritz Gerlich

30
Redaktionshaus „Münchner Neueste Nachrichten" / Redaktionshaus „Süddeutsche Zeitung"

⌂ Heilmann & Littmann, Dieter Schaich und Jan Eikholt, 1906 → Sendlinger Str. 8, Karte B3 Ⓢ Ⓤ Marienplatz
Fritz Gerlich, Chefredakteur der „Münchner Neuesten Nachrichten" (1920–1928), war einer der profiliertesten unter den konservativen Gegnern des Nationalsozialismus. Während des 1. Weltkrieges gehörte er zu den Alldeutschen, und auch nach 1918 war er zunächst als scharfer Nationalist aktiv. Seit Hitlers Putschversuch von 1923 jedoch setzte er sich aus christlichen Motiven entschieden gegen die NS-Bewegung ein. Die weit über die Landeshauptstadt hinaus beachteten „Münchner Neuesten Nachrichten" boten ihm eine ideale Plattform dafür. Seit 1930 gab er mit Unterstützung katholischer Kreise die Wochenzeitschrift „Der Gerade Weg" heraus. Mit provozierenden Schlagzeilen wie **„Sperrt die Führer ein!"** oder **„Untermenschen im Reichstag"** war ihm die Aufmerksamkeit der Nazis sicher. Sofort nach Hitlers Machtübernahme rächten sie sich an ihm. Gerlich wurde am 9. März 1933 von der SA festgenommen und im Gefängnis des ▷ **Polizeipräsidiums** schwer misshandelt. Im Zusammenhang mit dem „Röhm-Putsch" brachte man ihn in der Nacht zum 1. Juli 1934 ins ▷ **Konzentrationslager Dachau**, wo er auf der Stelle ermordet wurde. Die „Süddeutsche Zeitung", die im Oktober 1945 die Nachfolge der „Münchner Neuesten Nachrichten" antrat, stiftete drei Gedenkplatten am Ort von Gerlichs Verhaftung im Färbergraben.

31
Hochbunker

⌂ Stadtbauamt München, 1942 → Blumenstr. 22, Karte B4 Ⓢ Ⓤ Marienplatz
Dieser Hochbunker ist eine von etwa 30 Luftschutzanlagen, die in ganz München eingerichtet wurden. Mit historischen Bauelementen und einem Ziegeldach verziert, fügte er sich unauffällig ins Stadtbild ein. Hier fanden, hinter 1,30 Meter dicken Wänden und unter einer zwei Meter starken Decke, rund 750 Menschen Schutz vor alliierten Bomben. Ein weiterer Betonmonolith aus dieser Zeit befindet sich in der Hotterstraße.
Als unzerstörter Koloss stand er nach dem Krieg inmitten einer Trümmerwüste und diente als Bunkerhotel mit 106 Schlafgelegenheiten.

32
Hofbräuhaus

⌂ Max Littmann, 1897 → Platzl 9, Karte C3 ⏲ täglich 9–24 Uhr Ⓢ Ⓤ Marienplatz Seit 1828 verfügte das Münchener Hofbräuhaus, 1589 von Herzog Wilhelm V. gegründet, über einen öffentlichen Bierausschank. Das heutige Stammhaus am Platzl 9 wurde 1897 errichtet. Der Festsaal im ersten Stock war seinerzeit einer der größten in München und stets gut besucht. Am 24. Februar 1920 fand hier die erste Großversammlung der „Deutschen Arbeiterpartei" statt, die kurz darauf das Attribut „nationalsozialistisch" in ihren Namen aufnahm. Vor rund 2.000 Zuhörern stellte Hitler das 25-Punkte-Programm der Partei vor. Die Veranstaltung wurde von den Nazis später zum Gründungsereignis der NS-Bewegung verklärt, und am Ort des Geschehens erinnerte eine Gedenktafel aus Bronze mit Hitlers Konterfei an dessen legendäre Rede. Eine Saalschlacht vom 4. November 1921 galt darüber hinaus als Feuertaufe der SA und sicherte dem Hofbräuhaus endgültig seinen späteren Rang als eine NS-Wallfahrtsstätte.
Die aufwendigen Deckenmalereien im großen Festsaal, die der Krieg in Mitleidenschaft gezogen hatte, wurden 1950 vereinfacht wiederhergestellt. Ein auffälliges Motiv unter jeder Deckenleuchte ist die bayerische Landesflagge in Form eines Hakenkreuzes.

33
Kabarett „Die Pfeffermühle"

→ Am Kosttor, Karte C3 Ⓢ Ⓤ Marienplatz **„Jetzt wollen wir was Hübsches singen"** – mit diesen Worten begann am 1. Januar 1933 das erste Programm der „Pfeffermühle" in München. Initiatorin dieses politischen Kabaretts war die Schauspielerin Erika Mann, zur Seite standen ihr Gleichgesinnte wie der

Schriftsteller Klaus Mann, ihr Bruder, und die Schauspielerin Therese Giehse. Die Premiere fand in den etwas heruntergekommenen Räumen des ehemaligen Kabaretts „Bonbonnière" vor einem begeisterten Publikum statt – zu einem Zeitpunkt, als die Machtübernahme der Nationalsozialisten bereits unmittelbar bevorstand. In direkter Nachbarschaft befand sich das ▷**Hofbräuhaus**. Es konnte also durchaus vorkommen, dass gleich nebenan Hitler seine Hasstiraden schmetterte, während die „Pfeffermühle" vor ausverkauftem Haus gegen den braunen Zeitgeist stichelte. Das zweite und letzte Münchener Programm wurde im Februar 1933 in der Gaststätte „Serenissimus" am Siegestor aufgeführt.

Nach der Machtübernahme der Nazis emigrierten Erika Mann und Therese Giehse in die Schweiz. Die „Pfeffermühle" zog mit um. Im Herbst konnte der Spielbetrieb in Zürich wiederaufgenommen werden. Bis zum letzten Auftritt auf europäischem Boden am 14. August 1936 tourte die „Pfeffermühle" durch fünf Länder und gab insgesamt rund 1.000 Vorstellungen. 1937 gingen die Geschwister Mann mit ihrem Kabarett, das sich jetzt „Peppermill" nannte, nach New York. An die Erfolge in Europa konnten sie jedoch nicht mehr anknüpfen. Aus der Kabarettistin Erika Mann wurde in den folgenden Jahren eine politisch engagierte Rednerin, die mit Vortragsreisen durch die USA die Menschen über Hitler aufzuklären versuchte.

34 Sterneckerbräu

→ Tal 54, Karte C4 Ⓢ Isartor

Nach dem 1. Weltkrieg war der noch unbekannte Adolf Hitler bei einer „Nachrichtenabteilung" der Reichswehr eingesetzt. Er sollte unter Kriegsheimkehrern für nationalistische Stimmung sorgen – sein Rednertalent war bereits aufgefallen –, daneben aber auch die politische Szene in München beobachten. In diesem Sinne beauftragte ihn sein Vorgesetzter, Hauptmann Karl Mayr, eine Monatsversammlung der **„Deutschen Arbeiterpartei" (DAP)** im so genannten Leiberzimmer des Sterneckerbräu zu besuchen. Zum angekündigten Termin, am 12. September 1919, erschien der V-Mann am Veranstaltungsort. Er hörte sich den Vortrag des Parteiredners Gottfried Feder an und wollte schon gehen, als einer der Gäste die Loslösung Bayerns vom Reich forderte. Erregt griff Hitler in die Diskussion ein – seine verbale Attacke beeindruckte den DAP-Vorsitzenden Anton Drexler so sehr, dass dieser dem Parteigenossen Lotter zuflüsterte: **„Mensch, der hat a Gosch'n, den kunnt ma braucha!"** Hitler bekam von Drexler dessen Schrift „Mein politisches Erwachen" in die Hand gedrückt, und wenige Tage später trat der so Umworbene unter der Mitgliedsnummer 555 in die Deutschen Arbeiterpartei ein.

Im Februar 1920 wurde die Gruppierung in **„Nationalsozialistische Deutsche Arbeiterpartei" (NSDAP)** umbenannt. Das erste

34 „Leiberzimmer" des Sterneckerbräu, hier nahm Hitler 1919 als V-Mann an einer Versammlung der DAP teil

Parteibüro, die „Hauptgeschäftsstelle München", befand sich in einem gewölbeartigen Nebenzimmer des Sterneckerbräu. Ab November 1933 gab es in der Traditionsgaststätte ein kleines Parteimuseum. Heute werden die Räume vom Einzelhandel genutzt.

35
Zentralverlag der NSDAP, Eher Verlag

⌂ Hans-Paul Gedon, 1939 → Thierschstr. 11–17, Karte D4 Ⓢ Isartor Der Eher Verlag war seit 1920 an der Thierschstraße ansässig und fungierte als Zentralverlag der NSDAP. Nur wenige Meter entfernt, im Haus Nummer 41, wohnte Adolf Hitler, der mit seinem Buch ▷ **„Mein Kampf"** zum erfolgreichsten Autor des Verlages geworden war. Bei Eher erschienen auch die Parteizeitung „Völkischer Beobachter" und alle weiteren Schriften der NSDAP. Geschäftsführer war seit 1922 Max Amann, der 1933 zum Präsidenten der Reichspressekammer aufstieg. Nach Enteignungen und Aufkäufen anderer Verlage und Zeitungen beherrschte der Eher-Konzern 1944 nahezu 80 Prozent der deutschen Presselandschaft. Amann profitierte auch persönlich von dieser Expansion: 1942 betrug sein Jahreseinkommen 3,8 Millionen Reichsmark. Nach dem Krieg wurde sein Vermögen eingezogen, er selbst als „Hauptschuldiger" zu zehn Jahren Arbeitslager verurteilt. Der Eher Verlag sowie die Rechte an „Mein Kampf" gingen an den Freistaat Bayern.

36
Wohnung Adolf Hitler II

→ Thierschstr. 41, Karte D3 Ⓢ Isartor Hitlers zweite Münchner Unterkunft war etwas größer, aber nur wenig komfortabler als seine vorherige in der Schleißheimer Straße. Seit 1920 bewohnte er ein Zimmer bei der Witwe Reichert in der Thierschstraße 41. Den abgetretenen Linoleumboden des schmalen Raums bedeckten einige kleine Teppiche. Gegenüber dem Bett standen ein Tisch, ein Stuhl und ein Bücherregal.
Seit Juli 1936 verkündete eine von der Stadtverwaltung angebrachte Tafel an der

Die NSDAP

Am 5. Januar 1919 gründeten der Eisenbahnschlosser Anton Drexler und der Sportjournalist Karl Harrer in München die „Deutsche Arbeiterpartei" (DAP) als antimarxistische, antisemitische und völkische Organisation. Hitler trat ihr im September 1919 bei und übernahm im Juli 1921 den Vorsitz der inzwischen in NSDAP umbenannten Splittergruppe. Kernpunkte des Parteiprogramms waren die Schaffung eines „Großdeutschen Reiches", die Revision des Versailler Vertrages und die Ausbürgerung aller Juden.

Bei Reichstagswahlen steigerte die NSDAP ihren Stimmenanteil von 2,6 Prozent 1928 auf 18,3 Prozent 1930, bevor sie im Juli 1932 mit 37,3 Prozent erstmals die stärkste Fraktion stellte. Nach Verbot oder Selbstauflösung aller anderen Parteien war die NSDAP ab Juli 1933 die einzige politische Organisation im Deutschen Reich. Die 1920 gegründeten „Sturmabteilungen" (SA) der NSDAP verloren nach 1933 ihre Machtstellung zugunsten der parteieigenen „Schutzstaffel" (SS), die unter Himmlers Führung zum zentralen Instrument der NS-Vernichtungspolitik wurde.

Mitgliederentwicklung der NSDAP 1925–1945

37 Flugzeughalle des Deutschen Museums mit der Me 262 „Weiße 3“

37 Veloreifen der Jahrhunderte

37 Dreidecker des „Roten Baron“ und Wright-Flieger

37 Deutsches Museum

36 Hitlers Wohnung in der Thierschstraße 41 mit der von Ernst Hanfstaengl erwähnten Porzellan-Madonna

Fassade des Gebäudes: **„In diesem Hause wohnte Adolf Hitler vom 1. Mai 1920 bis zum 5. Oktober 1929.“**

Die Inschrift verschwand nach dem Krieg wieder. Anderes überdauerte, wie der einstige Auslandspressechef der NSDAP, Ernst Hanfstaengl, berichtete: **„Als ich im Jahre 1957 zufällig wieder einmal durch die Thierschstraße kam, konnte ich der Versuchung nicht widerstehen, dem ehemaligen Wohnquartier Hitlers im Hause Nr. 41 einen Besuch abzustatten. Nichts hatte sich verändert: Die Außenfront des Hauses war noch die gleiche wie einst, (...) und auch die Porzellan-Madonna in ihrer Nische hatte sich von keiner Bombe in ihrer Standhaftigkeit erschüttern lassen. Die Treppenstufen knarrten noch wie ehedem, und auch die Türglocke hatte den gleichen Klang wie im Jahre 1923. Kleinbürgerliche Enge (...) hatte sich als dauerhafter erwiesen als das proklamierte Tausendjährige Reich.“**

37
Deutsches Museum

⌂ Gabriel und Emanuel von Seidl, German Bestelmeyer, Karl Bäßler, Paolo Nestler, Franz Hart, Sep Ruf, 1906–1982 → Museumsinsel, Karte D4 ⌚ Mo–So 9–17 Uhr Ⓢ Isartor Im Mai 1925 wurde in München das „Deutsche Museum von Meisterwerken der Naturwissenschaft und Technik“ eingeweiht. Die damals in ihrer Art völlig neuartige Sammlung ging wesentlich auf die Initiative des Ingenieurs Oskar von Miller zurück. Einige Teile des Deutschen Museums wurden erst in der NS-Zeit fertig gestellt: der Kongress-Saal und das Bibliotheksgebäude (1936) sowie die Kraftfahrzeughalle (1937). Im Bibliotheksbau des Deutschen Museums eröffnete Joseph Goebbels am 8. November 1937 die antisemitische Ausstellung „Der ewige Jude“. Die Propagandaschau sollte die von den Nazis behauptete Minderwertigkeit der „jüdischen Rasse“, ihr Machtstreben und ihren „entsittlichenden Einfluss“ auf die deutsche Kultur belegen. Es herrschte riesiger Andrang, jeden Tag bildeten sich lange Schlangen im Hof des Museums. Die Ausstellung wurde auch in anderen Städten gezeigt und hatte bis Ende Januar 1938 über 400.000 Besucher.
Am 13. Januar 1943 kam es im Kongress-Saal des Deutschen Museums zu einer der wenigen öffentlichen Unmutsbekundungen dem NS-Regime gegenüber. Zur 470-Jahr-Feier der Universität hielt Gauleiter Paul Giesler eine Rede. Mit Blick auf die militärische Lage des Deutschen Reiches – in Stalingrad stand die Wehrmacht kurz vor der Kapitulation – äußerte er in anzüglicher Wortwahl, die Studentinnen sollten sich weniger an der Universität „herumtreiben“ und lieber dem „Führer“ jedes Jahr einen Sohn und zukünftigen Soldaten schenken. Das Publikum reagierte mit offener Empörung und Buh-Rufen, so dass Giesler seine Rede unterbrechen musste. Nach der Veranstaltung waren vor der Halle sogar Protestchöre zu vernehmen, bis die Studenten von der Polizei auseinander getrieben wurden. Die Widerstandsgruppe ▷ **„Die Weiße Rose“** ließ sich von dem Aufruhr zu ihrer Flugblattaktion an der Münchener Universität wenige Wochen später ermutigen.
Das Deutsche Museum zählt heute zu den meistbesuchten sowie größten seiner Art weltweit und zeigt eine Fülle an technischen Errungenschaften der letzten Jahrhunderte.

Unten: Der allwissende Uhu auf einem Zahnrad, das Emblem des Deutschen Museums über dem Ostportal

38
Bürgerbräukeller / GEMA, Hotel Hilton

→ Rosenheimer Str. 29, Karte D4 Ⓢ Rosenheimer Platz
Schon vor 1933 galt der Bürgerbräukeller den Nazis als Wallfahrtsstätte. Von hier aus hatte Hitler seinen Putschversuch vom 8./9. November 1923 unternommen, und hier wurde im Februar 1925 die NSDAP nach ihrem zeitweiligen Verbot wiedergegründet. Seit der „Machtergreifung“ stellte man den Marsch von 1923 alljährlich in einer theatralischen Inszenierung nach.

Am 8. November 1939 war der Bürgerbräukeller Schauplatz eines Attentats, durch das Hitler während seiner traditionellen Rede zum Jahrestag des Putschversuchs getötet werden sollte.
Der schwäbische Schreiner Georg Elser, ein Einzelgänger, hatte sich an mehr als 30 Abenden unbemerkt in dem Saal einschließen lassen und in einer Säule eine Zeitbombe platziert. Diese detonierte plangemäß um 21.20 Uhr, tötete acht Menschen und verletzte 60 weitere. Hitler entging dem Anschlag um wenige Minuten, da er kürzer als sonst gesprochen und den Ort bereits verlassen hatte. Elser wurde noch am selben Abend verhaftet. Er wurde im April 1945 im ▷ **KZ Dachau** ermordet. 1979 wurde das Gebäude des Bürgerbräukellers abgerissen. Heute ist hier unter anderem die GEMA ansässig. Seit 1989 erinnert dort eine Gedenktafel an Elsers Tat.

39
Wohnung Adolf Hitler III

⌂ Franz Popp, 1914 → Prinzregentenplatz 16, Karte F3 Ⓤ Prinzregentenplatz 1929 bezog Adolf Hitler eine luxuriöse, 317 Quadratmeter große Neun-Zimmer-Wohnung am Prinzregentenplatz. Ermöglicht hatte dies der Verleger Hugo Bruckmann, einer seiner zahlreichen Gönner, der sich für die Jahresmiete von 4.176 Reichsmark verbürgte. Mit der Inneneinrichtung beauftragte Hitler den Architekten Paul Ludwig Troost, der auch die nationalsozialistischen Repräsentationsbauten in München entwarf. Bis zuletzt blieb der Prinzregentenplatz 16 Hitlers Privatadresse.
Kurz nach seinem Einzug nahm Hitler die 21-jährige Geli Raubal, seine Halbnichte, in die Wohnung auf. Am 18. September 1931 wurde die junge Frau hier tot aufgefunden, erschossen mit Hitlers Walther-Pistole. Um Geli Raubals Verhältnis zu „Onkel Alf" und die Umstände ihres Todes ranken sich bis heute Gerüchte. Wahrscheinlich tötete sie sich selbst, weil sie Hitlers Eifersucht nicht länger ertrug. Ob sie seine Geliebte war, ist allerdings fraglich. Nach Geli Raubals Tod machte Hitler aus ihrer Kammer eine Art Kultstätte, die außer ihm und der Haushälterin keiner betreten durfte. 1939 ging mit finanzieller Unterstützung von Parteifreunden das gesamte Haus in Hitlers Besitz über. Im November 1942 wurde, unter Verwendung von 4,7 Tonnen Stahl, ein Luftschutzbunker im Keller eingerichtet.
Die „Rainbow Division" der US-Armee besetzte das Anwesen am 1. Mai 1945, und zahlreiche Einrichtungsgegenstände wanderten als Souvenirs nach Amerika. Einige Bände aus Hitlers Bibliothek finden sich heute in der Washingtoner Kongressbibliothek.
Das Wohnhaus Prinzregentenplatz 16 ging an Hitlers offiziellen Nachlassverwalter, den Freistaat Bayern. Gegenwärtig wird das Gebäude von der Polizei-Inspektion 22 genutzt. In Hitlers ehemaligem Bibliothekswandschrank, dem letzten erhaltenen Möbelstück, stehen heute die errungenen Pokale des Polizei-Fußballteams „Bogenhauser Cops".

40
Wohnhaus Eva Braun

→ Delpstr. 12, Karte F2 Ⓤ Böhmerwaldplatz Im Atelier seines Fotografen ▷ **Heinrich Hoffmann** lernte Hitler 1929 Eva Braun kennen, die dort als Bürokraft arbeitete. Die Beziehung zu ihr intensivierte er allerdings erst nach dem Tod seiner Nichte Geli Raubal und nachdem Eva Braun 1935 zum zweiten Mal versucht hatte, sich umzubringen. 1936 bezog sie in der damaligen Wasserburger Straße 12 (heute Delpstraße), ganz in der Nähe der Wohnung ihres Liebhabers am Prinzregentenplatz, eine kleine Villa mit Garten, die Hoffmann auf Hitlers Veranlassung für 30.000 Reichsmark erworben hatte. Zudem wurde ihr ein Mercedes mit Chauffeur zur Verfügung gestellt.
Am 29. April 1945, kurz vor dem gemeinsamen Selbstmord im Berliner „Führerbunker", heiratete Hitler seine langjährige Geliebte. Etwa zur gleichen Zeit nahm ein Stoßtrupp der US-Armee Eva Brauns Münchener Anwesen in Besitz, einen Tag später war es bereits völlig leer geräumt. Persönliche Gegenstände wie Bettwäsche mit dem Monogramm „AH" verschwanden als Souvenirs in Richtung USA.

39 Wohnhaus Adolf Hitlers

39 Treppenhaus zu Hitlers Wohnung

39 Hitlers ehemaliges Wohnzimmer mit dem Bibliothekswandschrank

39 Hitlers ehemaliges Schlafzimmer

39 Vorhalle im Flur

39 Geli Raubals Zimmer

Hitlers Wohnung und Privatbunker, Prinzregentenplatz 16

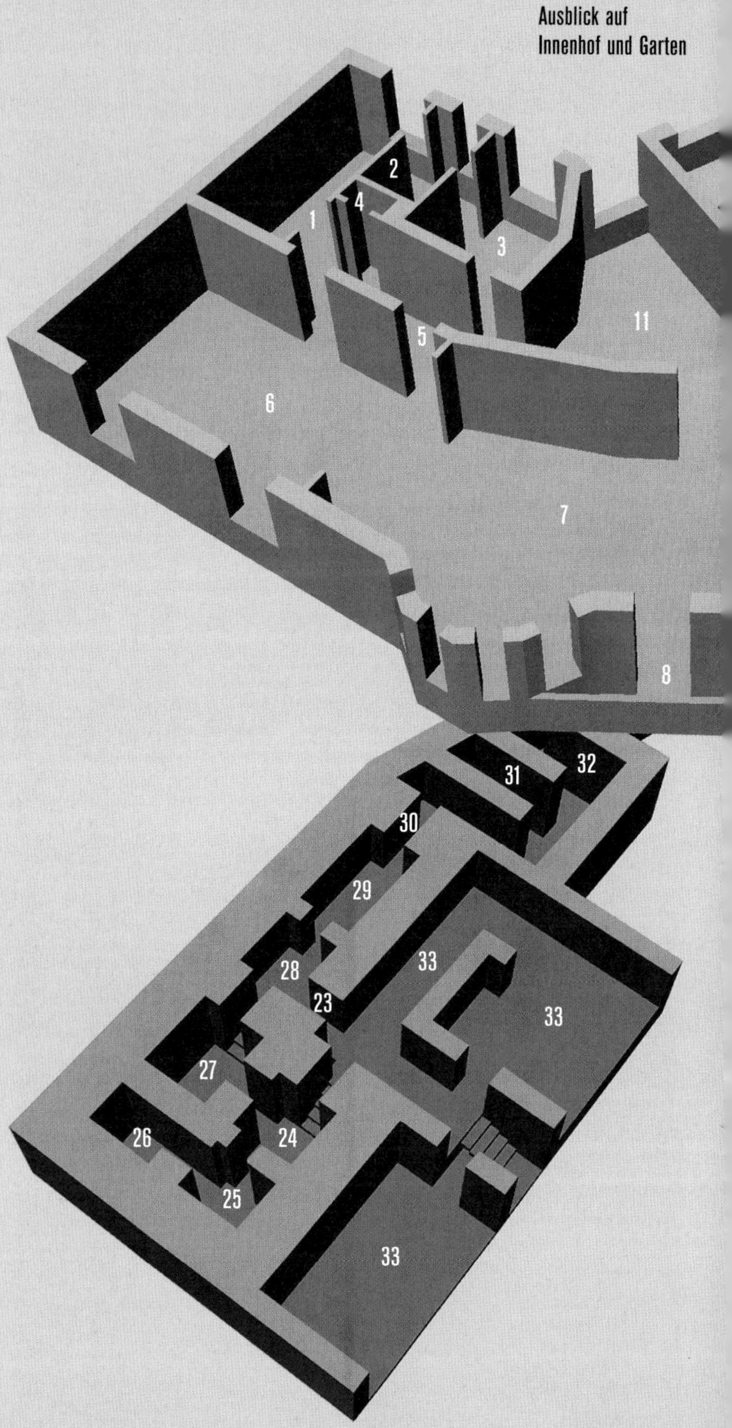

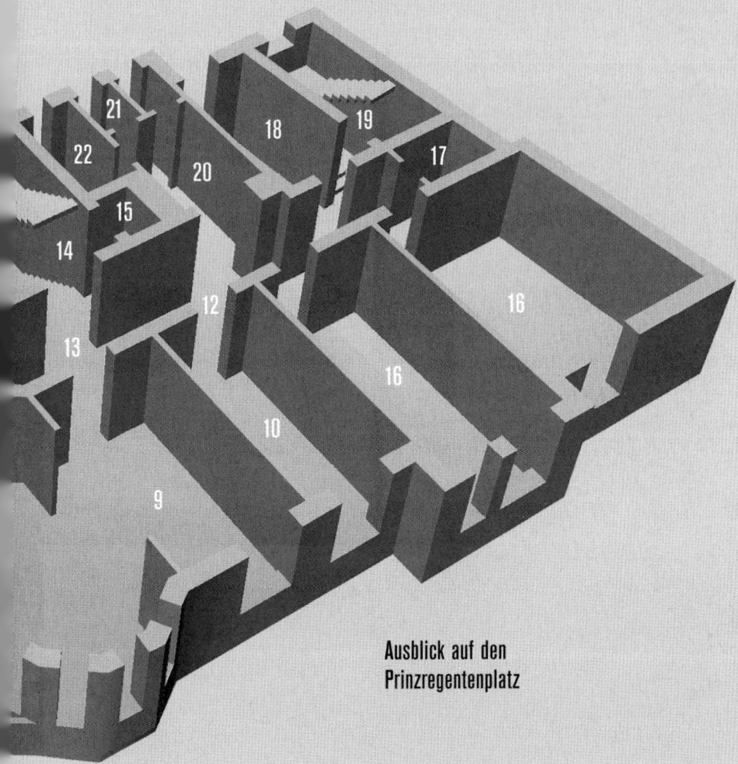

Ausblick auf den
Prinzregentenplatz

WOHNRÄUME HITLER, 2. ETAGE
1 Schlafzimmer Adolf Hitler
2 Badezimmer
3 Schlafzimmer Geli Raubal
4 Abstellkammer
5 Flur
6 Speisezimmer
7 Wohnzimmer
8 Balkon
9 Lesezimmer und Bibliothek
10 Bibliothek
11 Vorhalle
12 Flur
13 Eingangstür
14 Treppenhaus
15 Lift

WOHNRÄUME BEDIENSTETE, 2. ETAGE
16 Zimmer Bedienstete
17 Badezimmer
18 Küche
19 Diensttreppenhaus
20 Garderobe
21 Toiletten
22 Diener und Mädchen

BUNKER, KELLERGESCHOSS
23 Eingang und Gasschleuse
24 Zweiter Eingang und Vorraum mit Toilette
25 Schutzraum
26 Technikraum mit Filteranlagen
27 Holzgetäfelter Schutzraum für Hitler
28 Vorraum
29 Schutzraum
30 Notausgang und Gasschleuse
31 Vorraum und Betonbarrieren gegen Druckwellen von Bomben
32 Treppenaufgang zur Straße
33 Kellerräume

39 Eingang zu Hitlers Bunker

39 Holzverkleideter Bunkerraum für Hitler

39 Herstellernachweis an einer Bunkertür

39 Schutzraum in Hitlers Bunker mit schweren Stahlträgern an der Decke

40 Eva Brauns Villa

43 Eingangsportal der „Arisierungsstelle“

Adolf Hitler 1889–1945

Am 25. Mai 1913 siedelte der 24-jährige Adolf Hitler von Wien nach München über. Hier setzte er seine Existenz als freier „Kunstmaler" zunächst fort, bevor er sich im August 1914 freiwillig zur Armee meldete. Den 1. Weltkrieg erlebte er als Gefreiter an der Westfront. Mit Fassungslosigkeit reagierte er 1918 auf die Kapitulation des Kaiserreichs, für die er einen „Dolchstoß von Juden und Kommunisten" verantwortlich machte. 1919 kam er in München mit der rechtsextremen Splittergruppe „Deutsche Arbeiterpartei" (DAP) in Kontakt, wurde Mitglied und übernahm 1921 den Vorsitz der inzwischen in NSDAP umbenannten Partei.

Am 9. November 1923 scheiterte Hitler kläglich mit dem Versuch, durch einen Putsch von München aus die Macht im Reich zu übernehmen. Nach neun Monaten Festungshaft in Landsberg reorganisierte Hitler die NSDAP und verlegte sich auf einen legalen Kurs zur Machterringung. In der zweiten Hälfte der zwanziger Jahre erreichte die NSDAP vermehrt Wahlerfolge auf regionaler Ebene, bevor sie im Juli 1932 zur stärksten Kraft im Reichstag wurde. Reichspräsident Paul von Hindenburg ernannte Hitler am 30. Januar 1933 zum Regierungschef. Als „Führer und Reichskanzler" verfolgte Hitler von Berlin aus seine drei Hauptziele: den Kampf gegen den Bolschewismus, die Eroberung von neuem „Lebensraum" für die Deutschen und die Entrechtung der Juden, die in systematischen Massenmord mündete. Die spektakulären Anfangserfolge seiner Kriegspolitik, vor allem der Sieg über Frankreich 1940, trugen wesentlich zum mythisch überhöhten Ansehen Hitlers in der breiten Bevölkerung bei. Der Einsicht, dass Deutschland den Krieg nicht gewinnen konnte, verweigerte sich Hitler bis zuletzt. Eingekreist von sowjetischen Truppen, setzte er am 30. April 1945 im Berliner „Führerbunker" seinem Leben selbst ein Ende. Hitlers Leichnam, für den man einst das ▷ **Hitler-Mausoleum** in München geplant hatte, wurde unweit des Berliner Bunkerausgangs in einem Bombentrichter bis zur Unkenntlichkeit verbrannt.

„Die Stadt war mir so gut bekannt, als ob ich schon seit Jahren in ihren Mauern geweilt hätte." (Adolf Hitler)

39 Hitler grüßt die Bevölkerung vom Balkon seiner Wohnung am Prinzregentenplatz aus

41
Wohnbauten „Neue Südstadt“ / „Kunstbunker“

⌂ Fritz Norkauer, 1944 → Prinzregenten-, Wilhelm-Tell-, Brucknerstr., Karte F3 Ⓤ Prinzregentenplatz Im Rahmen der Umgestaltung Münchens sollte auf einem Gelände zwischen Ramersdorf und Giesing eine neue Südstadt mit 14.500 Wohneinheiten entstehen. Von der geplanten NS-Modellstadt realisierte man nach Kriegsbeginn allerdings nur eine Versuchs- und Musterzeile an der Prinzregentenstraße. Der Häuserblock, der nahezu unverändert erhalten ist, wurde an beiden Enden mit quadratischen Hochbunkern abgeschlossen, was der Anlage einen monumentalen, festungsartigen Charakter verleiht.
Als „Kunstbunker“ wird einer der Betonkolosse heute für Ausstellungen genutzt.

42
Wohnhaus Thomas Mann

⌂ Dibelius, 2005 → Thomas-Mann-Allee 10, Karte F1 Ⓤ Richard-Strauss-Straße Thomas Mann, 1875 in Lübeck geboren, kam erstmals 1893 zum Studium nach München und ließ sich fünf Jahre später endgültig in der Stadt nieder. 1905 heiratete der Schriftsteller Katia Pringsheim, die einer wohlhabenden Münchener Gelehrtenfamilie jüdischer Herkunft entstammte. Aus der Ehe gingen sechs Kinder hervor. 1914 bezog die Familie eine neu erbaute großbürgerliche Villa am Herzogpark (damals Poschingerstraße 1). Nach dem 1. Weltkrieg verfolgte Thomas Mann mit Sorge, wie sich in der Stadt, die er einst für ihre geistige Freiheit gerühmt hatte, das politische Klima veränderte. Bereits im Frühjahr 1923 schrieb er in der amerikanischen Zeitschrift „The Dial“, dass München zur **„Stadt Hitlers (...) und des Hakenkreuzes“** geworden sei. In Vorträgen und politischen Initiativen suchte Thomas Mann dazu beizutragen, den **„Kampf um München“** im liberalen Sinne zu entscheiden. Nach der Machtübernahme der Nazis stellte SS-Chef Himmler im März 1933 einen „Schutzhaftbefehl“ gegen den Nobelpreisträger aus, der sich jedoch auf einer Vortragsreise im Ausland befand und nun in die Schweiz emigrierte. Geächtet wurde Thomas Mann jedoch nicht nur vom neuen Regime, sondern auch von Kulturhonoratioren der Stadt München. Am 10. Februar 1933 hatte er im Audimax der Universität einen Vortrag zum 50. Todestag Richard Wagners gehalten und darin die modernen Elemente im Werk des Musikdramatikers hervorgehoben. Dagegen erhob sich der „Protest der Richard-Wagner-Stadt München“. Der offene Brief, am 16. April in den „Münchner Neuesten Nachrichten“ veröffentlicht, war von Generalmusikdirektor Hans Knappertsbusch initiiert und von 45 führenden Persönlichkeiten unterzeichnet worden, darunter auch den Komponisten Hans Pfitzner und Richard Strauss. Nicht zuletzt dieser Attacke wegen lehnte es Thomas Mann nach 1945 ab, sich wieder in München niederzulassen.
Nach der Emigration der Familie Mann 1933 wurde ihr Haus entschädigungslos beschlagnahmt. Die SS nutzte es fortan als Verwaltungssitz für ihr „Lebensborn“-Programm. Das Inventar veräußerte man in einer aufsehenerregenden Auktion. Durch Luftangriffe wurde die Villa schwer beschädigt, nach dem Krieg quartierte man hier Flüchtlinge aus Osteuropa ein. 2004/05 ließ sich ein Privatmann auf dem Grundstück ein Haus im Stil der Mann-Villa erbauen.
In Thomas Manns Sommerhaus „Villino“ in Feldafing am Starnberger See besteht seit 1999 eine ständige Ausstellung.

43
„Arisierungsstelle“

→ Widenmayerstr. 27, Karte E2 Ⓤ Lehel
Von 1938 bis 1943 war die „Arisierungsstelle“ das organisatorische Zentrum der Judenverfolgung in München. Geleitet wurde sie von Hans Wegner, dem „Beauftragten des Gauleiters für die Arisierung“. Die Einrichtung, die offiziell **„Vermögensverwertung München GmbH“** hieß, diente zunächst dem Zweck, jüdische Geschäftsleute durch systematische Enteignungen und Zwangsverkäufe vom Wirtschaftsleben der Stadt auszuschließen. Seit dem 12. November 1938 war es Juden reichsweit untersagt, Einzelhandelsgeschäfte oder Handwerksbetriebe zu unterhalten

45 Kunst: Rote Laterne am Haus der Kunst

45 Säulengang am Haus der Kunst

45 Ausstellungshalle im Haus der Kunst

45 Ausstellungseröffnung im Haus der Deutschen Kunst mit Gerdy Troost und Rudolf Heß, 1937

45 Fenster in der Goldenen Bar

45 Mosaik in der Goldenen Bar

Das Haus der D

sowie Waren und Dienstleistungen jeglicher Art anzubieten. In München gingen bis Ende 1939 fast alle 600 Firmen in jüdischem Besitz an „arische" Interessenten über. Der Eigentumswechsel vollzog sich in aller Öffentlichkeit; in den Zeitungen warben Annoncen mit Überschriften wie **„Nie wiederkehrende Gelegenheit"** für den Erwerb jüdischer Betriebe zu attraktiven Konditionen. Ab 1939 vollzog die „Arisierungsstelle" die endgültige Entrechtung und Ghettoisierung der Münchener Juden. Bis Herbst 1941 mussten insgesamt 1.450 Wohnungen von ihren jüdischen Besitzern geräumt werden. Auch das Gebäude der „Arisierungsstelle" gehörte dazu; es wurde 1939 enteignet. Die Menschen kamen zunächst in so genannte „Judenhäuser", später in eines der beiden Münchener Sammellager, die ▷ **„Judensiedlung"** oder die ▷ **„Heimanlage für Juden"**. Auf Befehl der „Arisierungsstelle" musste die Israelitische Kultusgemeinde die Überführung in die beiden Lager selbst organisieren. Von dort aus wurden die Münchener Juden in die SS-Vernichtungslager Osteuropas deportiert, wo man fast alle von ihnen ermordete. Im Juni 1943 stellte die „Arisierungsstelle" ihre Arbeit ein; von den im Jahr 1933 rund 19.000 Juden lebten kaum noch 500 in der Stadt. Bei Kriegsende waren es nur noch 84.

44
Luftgaukommando VII / Bayerisches Staatsministerium für Wirtschaft, Infrastruktur, Verkehr und Technologie

⌂ German Bestelmeyer, 1938 → Prinzregentenstr. 24–28, Karte D2 Ⓤ Lehel

1937/38 entstand an der Prinzregentenstraße gegenüber dem Nationalmuseum ein imposanter, 225 Meter langer Gebäudekomplex. Er war von Reichsluftfahrtminister Hermann Göring in Auftrag gegeben worden und beherbergte fortan das Luftgaukommando VII. Von hier aus betrieb man den rasanten Aufbau der Luftkriegsindustrie in Bayern. Architekt des Gebäudes war German Bestelmeyer, der als Präsident der Münchener Akademie der Bildenden Künste schon vor 1933 für die NS-Bewegung geworben hatte. Den Krieg überdauerte der repräsentative Komplex unbeschädigt.

Seit 1946 hat hier das bayerische Wirtschaftsministerium seinen Sitz. Martialische Fassadenelemente wie Stahlhelme als Fenstersimse oder Hakenkreuze in Fenstergittern lassen noch heute die ursprüngliche Bestimmung des Gebäudes erkennen.

eutschen Kunst

45
Haus der Deutschen Kunst/ Haus der Kunst

⌂ Paul Ludwig Troost, 1933–1937 → Prinzregentenstr. 1, Karte D2 ⌚ Mo–So 10–20, Do 10–22 Uhr Ⓤ Odeonsplatz

Während die politische Führung des „Dritten Reiches" ihren Sitz in Berlin hatte, sollte nach Hitlers Willen München die Rolle der deutschen Kunstmetropole zukommen. Als Paradeprojekt brauner Kulturpolitik an der Isar galt das Haus der Deutschen Kunst – einer der ersten Großbauten des NS-Regimes und außerdem das einzige Kunstmuseum, das im „Dritten Reich" entstand. Die Planung übernahm Hitlers bevorzugter Architekt Paul Ludwig Troost, der unter anderem auch die ▷ **„Ehrentempel"** und den ▷ **„Führerbau"** konzipierte. Finanziert wurde das Projekt in erster Linie durch Spenden von Großindustriellen wie Friedrich Flick oder Philipp F. Reemtsma.

Am 15. Oktober 1933 fand am Rand des Englischen Gartens die feierliche Grundsteinlegung statt. Dabei kam es zu einem ominösen Zwischenfall: Nach seiner Rede versetzte Hitler dem Stein den zeremoniellen Schlag mit einem silbernen Hammer – dieser zerbrach dabei in zwei Teile, und ein Raunen ging durch die Menge. Hitler glaubte an ein übles Vorzeichen und sah sich bestätigt, als Paul Ludwig Troost, der nicht nur das Gebäude, sondern auch den Hammer entworfen hatte, wenige Monate später starb. Troosts Witwe Gerdy und sein Mitarbeiter Leonhard Gall vollendeten das Projekt.

Im Juli 1937 wurde das Haus mit dreitägigen Festivitäten eingeweiht. Die Exponate der **„Großen Deutschen Kunstausstellung"** im Innern des neoklassizistischen Bauwerks hatte Hitlers Fotograf Heinrich Hoffmann ausgewählt. Zu sehen waren erbauliche Stillleben und Land-

45 Tafel der Grundsteinstifter

Die „entartete Kunst"

Am 19. Juli 1937 wurde in den ▷ **Hofgartenarkaden** die Ausstellung „Entartete Kunst" eröffnet – nie zuvor hatte man so viele Kunstwerke nur zu dem Zweck zusammengetragen, um den Betrachter gegen sie aufzubringen. Verantwortlich für die Schau waren Propagandaminister Joseph Goebbels und der Präsident der Reichskammer der Bildenden Künste Adolf Ziegler.
Mehr als 30 öffentliche Galerien wurden nach Gemälden und Plastiken durchforstet, die nicht dem Kunstverständnis der Nazis entsprachen. Darunter fielen ganze Stilrichtungen wie Expressionismus, Impressionismus, Kubismus oder Dadaismus.
Von den 16.000 beschlagnahmten Werken wurden in der Ausstellung rund 650 präsentiert, wobei Beschriftungen wie **„So sieht ein krankes Gehirn die Natur!"** zum erwünschten Effekt beitragen sollten.
Unter den geächteten Künstlern befanden sich **Max Beckmann, Otto Dix, Paul Klee, Wassily Kandinsky, George Grosz, Ernst Ludwig Kirchner, Oskar Kokoschka, Max Pechstein, Emil Nolde, Kurt Schwitters und Max Ernst**.
Bis 1939 wanderte die Schau durch zwölf weitere Städte und zog über drei Millionen Besucher an. Anschließend wurde ein Teil der Exponate ins Ausland verkauft, der Rest in Berlin verbrannt.

schaftsidyllen, Porträts stolzer Bauern und Statuen heroischer Arbeiter sowie weibliche Akte, die auf die Fruchtbarkeit der deutschen Frau verwiesen und dem Museum den Spottnamen **„Haus der Deutschen Brunft"** einbrachten. Über dem Haupteingang prangte die von Hitler ausgegebene Devise: **„Kunst ist eine erhabene und zum Fanatismus verpflichtende Mission."**
Den Höhepunkt der Feierlichkeiten bildete eine drei Kilometer lange Parade, die unter dem Motto „2.000 Jahre Deutsche Kultur" stand und an nationalistischem Kitsch kaum zu überbieten war. Germanische Priester und friderizianische Soldaten traten auf, ganze Abteilungen der Hitler-Jugend hatte man in historische Trachten gesteckt, Kostümträger kamen als Karl der Große oder Friedrich Barbarossa daher, und auch dralle Walküren mit metallenen Büstenhaltern fehlten nicht. Am Ende des Zuges marschierten Wehrmachts- und SS-Einheiten.

Am 30. April 1945 fanden amerikanische Soldaten das „Haus der Deutschen Kunst" unbeschädigt unter Tarnnetzen vor. Für einige Jahre war hier nun ein Offiziersclub der US-Armee samt Basketballhalle untergebracht; seit 1949 wird in wechselnden Ausstellungen moderne Kunst gezeigt. Das Museum heißt seither ohne nationale Beschränkung „Haus der Kunst".

46 Hofgartenarkaden

⌂ Karl Albert von Lespilliez, 1783
→ Galeriestr. 4, Karte C2 Ⓤ Odeonsplatz Einen Tag, nachdem das ▷ **Haus der Deutschen Kunst** eingeweiht worden war, eröffnete man am 19. Juli 1937 ganz in der Nähe – gewissermaßen zum Kontrast – eine weitere Ausstellung. Unter dem Titel ▷ **„Entartete Kunst"** präsentierte das NS-Regime in den Hofgartenarkaden die beschlagnahmten Werke avantgardistischer Maler und Bildhauer. Die Hofgartenarkaden beherbergten damals eigentlich die Gipssammlung des Archäologischen Instituts und waren mit ihren teilweise sehr niedrigen, düsteren Räumen kein angemessener Ort

„Kunst ist eine erhabene und zum Fanatismus verpflichtende Mission." (Adolf Hitler, 1937)

für Ausstellungen. Zudem hängte man die geächteten Bilder mit Absicht eng und schief auf, um so den erwünschten Eindruck einer „Schreckenskammer" zu erzielen. Heute befindet sich in den Räumlichkeiten an der Galeriestraße unter anderem das Deutsche Theatermuseum.

47
Münchener Kriegerdenkmal

⌂ Thomas Wechs, Eberhard Finsterwalder, Karl Knappe 1924 → Hofgarten, Karte C2 Ⓤ Odeonsplatz Das Münchener Kriegerdenkmal befindet sich am Ostrand des Hofgartens, gegenüber der heutigen Staatskanzlei, an deren Stelle einst das Bayerische Armeemuseum stand. Das Mahnmal wurde 1924 zum Gedenken an die Gefallenen des Ersten Weltkriegs eingeweiht, heute ist es den Toten beider Weltkriege gewidmet. Die an ein Hünengrab erinnernde Anlage liegt in einem abgesenkten Ehrenhof; auf zwölf Travertinblöcken ruht ein mächtiger Deckquader mit der Inschrift **„Sie werden auferstehen"**. Über eine Treppe erreicht man die Krypta, deren Mittelpunkt Bernhard Bleekers Skulptur „Der tote Soldat" bildet.
Ganz in der Nähe, an der Nordseite des Hofgartens, steht seit 1996 ein Mahnmal gegen das NS-Regime: ein schwarzer Granitkubus mit eingravierten Zitaten von Widerstandskämpfern.

48
Zentralministerium der Landesregierung / Bayerisches Staatsministerium für Ernährung, Landwirtschaft und Forsten

⌂ Friedrich Gablonsky, 1940 → Ludwigstr. 2, Karte C2 Ⓤ Odeonsplatz
Die eigenstaatlichen Befugnisse Bayerns waren durch die 1933 vollzogene „Gleichschaltung der Länder" stark beschnitten worden, weshalb man die Tätigkeit der verschiedenen Ministerien in einem neuen „Zentralministerium" zusammenfasste. Dieses hatte ab 1940 seinen Sitz in einem neu errichteten Monumentalbau an der Ludwigstraße. Hier residierten die beiden Männer, auf die sich die politische Macht in Bayern konzentrierte: Ministerpräsident Ludwig Siebert und der Gauleiter der NSDAP, Adolf Wagner, der gleichzeitig auch als Innenminister fungierte. Nachdem Siebert 1942 gestorben war und Wagner einen Schlaganfall erlitten hatte, übernahm der Westfale Paul Giesler, Bruder des Architekten Hermann Giesler, alle führenden Partei- und Regierungsämter des Landes und war bis 1945 faktisch Alleinherrscher in Bayern.
Ende April 1945 befahl Giesler – ganz im Sinne von Hitlers Politik der **„verbrannten Erde"** –, die Infrastruktur Münchens vor der Ankunft amerikanischer Truppen zu zerstören. Dagegen regte sich Widerstand.

47 Kriegerdenkmal

44 Hakenkreuze im Fenstergitter

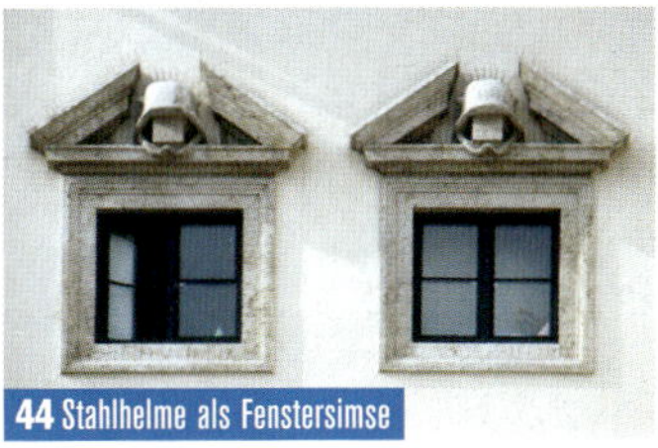
44 Stahlhelme als Fenstersimse

51 Lichthof der Ludwig-Maximilians-Universität

52 Wohnung der Geschwister Scholl

50 Einschusslöcher als „Wunden der Erinnerung“

46 Hofgartenarkaden

51 Flugblätter der „Weißen Rose“ als Keramikplatten vor dem Universitätseingang

Am 28. April 1945 versuchte die **„Freiheitsaktion Bayern“**, eine Widerstandsgruppe aus Soldaten und Zivilisten, das Zentralministerium zu besetzen und Giesler festzunehmen, um so eine kampflose Übergabe der Stadt zu ermöglichen. Das Unternehmen scheiterte an einer im Gebäude verschanzten SS-Einheit.
Einen Tag später setzte sich Giesler nach Berchtesgaden ab, nicht ohne ein Blutbad zu veranlassen. Major Günther Caracciola und Kompaniedolmetscher Maximilian Roth wurden im Innenhof des Ministeriums für ihre Beteiligung an der „Freiheitsaktion“ hingerichtet, ebenso Hans Scharrer, Harald Dohrn und Hans Quecke. An sie erinnert heute eine Gedenktafel am Ort des Geschehens.

49
Reichsbank-Hauptstelle / Landeszentralbank

⌂ Heinrich Wolff, 1941, Carl Sattler, 1951 → Ludwigstr. 13, Karte C2 Ⓤ Odeonsplatz 1937/38 riss man das architektonisch bedeutende Herzog-Max-Palais von 1830 ab, um Platz zu schaffen für den Neubau einer Reichsbank-Außenstelle in München. Der Entwurf stammte von Reichsbankbaudirektor Heinrich Wolff, der auf Wunsch Hitlers bereits für die Erweiterung der Reichsbankzentrale in Berlin verantwortlich zeichnete. Nach dreijähriger Bauzeit – das Gebäude war bis zum ersten Geschoss errichtet – wurden die Arbeiten 1941 wegen des Krieges eingestellt. Erst zwischen 1949 und 1951 vollendete man den Komplex, nun mit der Landeszentralbank als Auftraggeber. Eine Gedenktafel an der Hauswand erinnert an das Herzog-Max-Palais als Geburtsort der späteren Kaiserin Sissy. Die ursprüngliche Bestimmung des Gebäudes als Reichsbank-Außenstelle wird nicht erwähnt.

50
„Wunden der Erinnerung“ II

⌂ Andreas von Weizsäcker, Beate Passow → Ludwigstr. Ecke Schellingstr., Karte C2 Ⓤ Universität Anders als in Berlin entdeckt man in München heute nur noch wenige Spuren des Krieges. Zum einen gab es hier kaum Häuserkämpfe wie in der Reichshauptstadt, zum anderen wurden die Folgen der Luftangriffe nach 1945 gründlicher beseitigt. An der roten Backsteinwand der Universitätsbibliothek sind allerdings noch zahlreiche Einschusslöcher zu sehen.
Sie wurden im Rahmen des Projekts „Wunden der Erinnerung“ konserviert.

51
Ludwig-Maximilians-Universität und „DenkStätte Weiße Rose“

⌂ Friedrich von Gärtner, 1840, German Bestelmeyer, 1909 → Geschwister-Scholl-Platz 1, Karte C1 ⏲ Mo–Fr 10–16, Do 10–21 Uhr Ⓤ Universität
Nach dem 1. Weltkrieg entwickelten sich die Universitäten des Deutschen Reiches zu Hochburgen republikfeindlicher Aktivitäten. Antidemokratisches und antisemitisches Denken war unter Dozenten wie Studenten weit verbreitet, auch an der Münchener Ludwig-Maximilians-Universität. Bereits 1920 wurde hier etwa ein Gastvortrag Albert Einsteins abgesagt, weil man „judengegnerische“ Störungen befürchtete. Spitzenfunktionäre des NS-Regimes, die in den frühen zwanziger Jahren in München studiert hatten, waren unter anderem SS-Führer Heinrich Himmler, Hans Frank, der Generalgouverneur in Polen, oder der „Stellvertreter des Führers“, Rudolf Heß. Zum Mentor von Heß wurde der Geografieprofessor Karl Ernst Haushofer, dessen Lehre von der Geopolitik sich die Nazis später für ihre Lebensraum-Ideologie zunutze machten.
Schon bald nach Hitlers Machtübernahme begann die Verdrängung jüdischer Studenten und Dozenten von der Universität. Gemäß dem „Gesetz zur Wiederherstellung des Berufsbeamtentums“ vom April 1933 kündigte die Münchener Hochschulverwaltung insgesamt acht Professoren. Gleichzeitig begrenzte eine reichsweit gültige Verordnung den Anteil „nichtarischer“ Studierender auf 1,5 Prozent.
Anfang der vierziger Jahre war die Ludwig-Maximilians-Universität allerdings auch eine Stätte der Opposition gegen das NS-Regime. Mehrere Studenten, darunter die Geschwister Scholl, und ein Professor der Hochschule bildeten die Widerstandsgruppe ▷ **„Die Weiße Rose“**.

„Die Weiße Rose“

Im Umfeld der ⊳ **Ludwig-Maximilians-Universität** formierte sich im Frühjahr 1942 die studentische Widerstandsgruppe „Die Weiße Rose“. Hans Scholl und Alexander Schmorell bildeten den Kern der Aktivisten, Christoph Probst, Sophie Scholl, Willi Graf und Prof. Kurt Huber

Sophie Scholl

Hans Scholl

Christoph Probst

schlossen sich ihnen nach und nach an. Hinzu kamen zahlreiche Sympathisanten aus dem Freundeskreis. „Die Weiße Rose“ verfasste insgesamt sechs Flugblätter, die zum Widerstand gegen das NS-Regime aufriefen. Zunächst wurden die Schriften nachts in Briefkästen gesteckt oder an ausgewählte Adressaten geschickt. Anfang 1943 schrieb die Gruppe zudem in nächtlichen Aktionen Parolen wie **„Hitler Massenmörder“** oder **„Freiheit“** an Hauswände. Das sechste, 3.000-fach vervielfältigte Flugblatt, das an die Münchener Studentenschaft gerichtet war, wurde den Widerständlern zum Verhängnis. Der Hausmeister erblickte die Geschwister Scholl beim Auslegen der Blätter in der Universität und nahm sie fest. Alle sechs Mitglieder des engeren Kreises der „Weißen Rose“ wurden zum Tode verurteilt und im ⊳ **Gefängnis Stadelheim** durch das Fallbeil hingerichtet. Über den Widerstandsaktivisten Helmuth James Graf von Moltke gelangte das 6. Flugblatt nach England. Im Sommer 1943 wurde es von britischen Bombern tausendfach über Deutschland abgeworfen.

Hans Scholl 1918–1943

Hans Scholl wurde am 22. September 1918 im württembergischen Ingersheim geboren. Begeistert vom Nationalsozialismus, trat er 1933 der Hitler-Jugend bei und stieg zum Fähnleinführer auf. Doch er entfremdete sich allmählich der NS-Ideologie und suchte Kontakt zu einer verbotenen bündischen Jugendgruppe, weswegen er 1937 für einige Wochen inhaftiert wurde. Kurz nach Beginn seines Medizinstudiums nahm Scholl als Sanitätssoldat am Frankreichfeldzug teil. Die ersten vier Flugblätter der „Weißen Rose“ verfasste er gemeinsam mit Alexander Schmorell im Juni und Juli 1942. Anschließend wurde er für mehrere Monate an die Ostfront abkommandiert, wo er Kriegsverbrechen der deutschen Truppen beobachtete. Diese Eindrücke bestärkten ihn in seiner Widerstandshaltung.

„So ein herrlicher, sonniger Tag, und ich soll gehen. Aber wie viele müssen heutzutage auf den Schlachtfeldern sterben, wieviel junges, hoffnungsvolles Leben (...). Was liegt an meinem Tod, wenn durch unser Handeln Tausende von Menschen aufgerüttelt und geweckt werden.“ (Sophie Scholl)

Sophie Scholl 1921–1943

Sophie Scholl wurde am 9. Mai 1921 im württembergischen Forchtenberg geboren. Wie ihr Bruder Hans fand sie als Heranwachsende zunächst Gefallen an dem von den Nazis propagierten Gemeinschaftsideal, und so trat sie dem Bund Deutscher Mädel bei. Nach einer Ausbildung zur Kindergärtnerin schrieb sie sich 1942 an der Münchener Universität für Philosophie und Biologie ein. Ihr Bruder informierte sie über die Aktionen der „Weißen Rose“, fortan beteiligte sie sich

engagiert an der Herstellung und Verteilung der Flugblätter. Wie Gefängnisbeamte berichteten, schritt Sophie Scholl aufrecht und furchtlos zum Schafott.
Ihr Grab befindet sich auf dem ▷ **Friedhof am Perlacher Forst**.

Alexander Schmorell 1917–1943

Alexander Schmorell wurde am 16. September 1917 im russischen Orenburg als Sohn einer Russin und eines Deutschen geboren. Nach dem frühen Tod der Mutter kam er zusammen mit dem Vater nach München. Gegen den Nationalsozialismus entwickelte Schmorell eine tiefe moralische Abscheu, die durch den Überfall der Wehrmacht auf sein Herkunftsland noch verstärkt wurde.
Der Medizinstudent verfasste unter anderem das 2. Flugblatt, das die Morde an den Juden publik machte.

Willi Graf

Alexander Schmorell

Kurt Huber

Christoph Probst 1919–1943

Christoph Probst wurde am 6. November 1919 im oberbayerischen Murnau geboren. Das NS-Regime lehnte er aus einer christlich-humanistischen Gesinnung heraus ab. Nach dem Wehrdienst begann Probst im Sommer 1939 sein Medizinstudium in München. Aus den konkreten Aktionen der „Weißen Rose“ sollte er als verheirateter Familienvater eigentlich herausgehalten werden. Nach der Verhaftung der Geschwister Scholl fand man bei ihm jedoch den Entwurf eines Flugblatts und nahm ihn ebenfalls fest.

Willi Graf 1918–1943

Willi Graf wurde am 2. Januar 1918 bei Euskirchen im Rheinland geboren.
Bis zum Verbot konfessioneller Verbände durch das NS-Regime engagierte er sich in der katholischen Jugendbewegung. Anschließend verweigerte er sich trotz Drohungen konsequent dem Nationalsozialismus und blieb der Hitler-Jugend fern. Nach Beginn seines Medizinstudiums in Bonn wurde er 1940 als Sanitäter zur Wehrmacht eingezogen. Mit der „Weißen Rose“ kam er in Kontakt, als er 1942 sein Studium in München fortsetzte. Seinen deutschlandweiten Verbindungen war es zu verdanken, dass die Aktivitäten der Widerstandsgruppe über München hinaus bekannt wurden.

Kurt Huber 1893–1943

Kurt Huber wurde am 24. Oktober 1893 im schweizerischen Chur geboren. Seit 1920 lehrte er als außerordentlicher Professor für Philosophie an der Münchener Universität. Er wandte sich aus einer konservativen Grundhaltung heraus gegen das NS-Regime. Zu den Besuchern seiner Vorlesungen, in denen er öfters kritische Anspielungen machte, gehörte auch Sophie Scholl. Als einziger Hochschullehrer wurde Huber aktives Mitglied der „Weißen Rose“. Er entwarf nach der deutschen Niederlage von Stalingrad das 6. und letzte Flugblatt.

EIN DEUTSCHES FLUGBLATT

DIES ist der Text eines deutschen Flugblatts, von dem ein Exemplar nach England gelangt ist. Studenten der Universität München haben es im Februar dieses Jahres verfasst und in der Universität verteilt. Sechs von ihnen sind dafür hingerichtet worden, andere wurden eingesperrt, andere strafweise an die Front geschickt. Seither werden auch an allen anderen deutschen Universitäten die Studenten „ausgesiebt“. Das Flugblatt drückt also offenbar die Gesinnungen eines beträchtlichen Teils der deutschen Studenten aus.

Aber es sind nicht nur die Studenten. In allen Schichten gibt es Deutsche, die Deutschlands wirkliche Lage erkannt haben; Goebbels schimpft sie „die Objektiven“. Ob Deutschland noch selber sein Schicksal wenden kann, hängt davon ab, dass diese Menschen sich zusammenfinden und handeln. Das weiss Goebbels, und deswegen beteuert er krampfhaft, „dass diese Sorte Mensch zahlenmässig nicht ins Gewicht fällt“. Sie sollen nicht wissen, wie viele sie sind.

Wir werden den Krieg sowieso gewinnen. Aber wir sehen nicht ein, warum die Vernünftigen und Anständigen in Deutschland nicht zu Worte kommen sollen. Deswegen werfen die Flieger der RAF zugleich mit ihren Bomben jetzt dieses Flugblatt, für das sechs junge Deutsche gestorben sind, und das die Gestapo natürlich sofort konfisziert hat, in Millionen von Exemplaren über Deutschland ab.

Manifest der Münchner Studenten

Erschüttert steht unser Volk vor dem Untergang der Männer von Stalingrad. 330.000 deutsche Männer hat die geniale Strategie des Weltkriegsgefreiten sinn- und verantwortungslos in Tod und Verderben gehetzt. Führer, wir danken Dir!

Es gärt im deutschen Volk. Wollen wir weiter einem Dilettanten das Schicksal unserer Armeen anvertrauen? Wollen wir den niedrigsten Machtinstinkten einer Parteiclique den Rest der deutschen Jugend opfern? Nimmermehr!

Der Tag der Abrechnung ist gekommen, der Abrechnung unserer deutschen Jugend mit der verabscheuungswürdigsten Tyrannei, die unser Volk je erduldet hat. Im Namen des ganzen deutschen Volkes fordern wir von dem Staat Adolf Hitlers die persönliche Freiheit, das kostbarste Gut der Deutschen zurück, um das er uns in der erbärmlichsten Weise betrogen hat.

In einem Staat rücksichtsloser Knebelung jeder freien Meinungsäußerung sind wir aufgewachsen.

Am 18. Februar 1943 legten Hans und Sophie Scholl in den Gängen des Universitätsgebäudes Flugblätter aus. Dabei erspähte sie der Hausmeister. **„Sie sind verhaftet!"** fuhr er sie an und brachte sie ins Büro des Rektors. **„Die beiden wehrten sich überhaupt nicht, schienen nicht einmal erschrocken; sie machten den Koffer zu und gingen ruhig mit"**, berichtete eine Augenzeugin. Wenige Tage später verurteilte der Volksgerichtshof im ▷ **Justizpalast** die Geschwister Scholl und ihre Mitverschwörer zum Tode. 1997 wurde in einem kleinen Raum neben dem Lichthof der Universität die **„DenkStätte Weiße Rose"** als Ausstellungs- und Informationsort eingeweiht.

52
Wohnung Geschwister Scholl

→ Franz-Joseph-Str. 13, Karte C1
Ⓤ Giselastraße Lediglich eine kleine Gedenktafel erinnert heute daran, dass im Hinterhaus dieses Gebäudes die Geschwister Sophie und Hans Scholl während ihrer Studienzeit lebten. Von hier aus brachen sie am 18. Februar 1943 mit einem Koffer voller regimekritischer Flugblätter in Richtung Universität auf. Beim Auslegen der Schriften wurden sie beobachtet, und bereits am Nachmittag saßen sie in der ▷ **Gestapo-Zentrale** im Wittelsbacher Palais, wo sie verhört wurden. In ihrer Wohnung fand die Polizei weiteres belastendes Material, darunter mehrere hundert Briefmarken sowie die Adressen anderer Mitglieder der ▷ **„Weißen Rose"**.

53
Haus des Deutschen Rechts/ Ludwig-Maximilians-Universität

⌂ Oswald Eduard Bieber, 1939 → Ludwigstr. 28, Karte C1 Ⓤ Universität
Das am Siegestor gelegene Haus des Deutschen Rechts wurde 1939 eingeweiht und beherbergte fortan die Akademie des Deutschen Rechts, die Hans Frank 1933 gegründet hatte.
Der Rechtsanwalt Frank war 1923 der NSDAP beigetreten und schnell zum Spitzenjuristen der Partei avanciert. Nach Hitlers Machtübernahme wurde er bayerischer Justizminister und „Reichskommissar für die Gleichschaltung der Justiz in den Ländern". Seine vorrangige Aufgabe sah er darin, die Justiz zu einer **„Waffe von ungeheurer Bedeutung für das deutsche Volk"** umzugestalten. Das Haus des Deutschen Rechts war für ihn dabei **„ein zu Stein gewordener Programmpunkt der Nationalsozialistischen Deutschen Arbeiterpartei"**. 1939 wurde Frank Generalgouverneur im besetzten Polen. Der Internationale Militärgerichtshof in Nürnberg verurteilte ihn 1946 zum Tode.

54
Wohnung und Werkstatt Georg Elser

→ Türkenstr. 94, Türkenstr. 59, Karte C1
Ⓤ Universität Am 8. November 1939 detonierte im ▷ **Bürgerbräukeller** eine Bombe, die Hitler töten sollte. Der Attentäter, Georg Elser, hatte zwei Monate zuvor bei Alfons und Rosa Lehmann in der Türkenstraße 94 ein Quartier als Untermieter bezogen. Der gelernte Schreiner, 1903 im schwäbischen Hermaringen geboren, war ein Einzelgänger und politisch nicht eindeutig festgelegt, lehnte den Nationalsozialismus aber entschieden ab. Während der Sudetenkrise 1938 beschloss er, das Regime durch ein Attentat zu stürzen, um so einen Krieg zu verhindern.

„Eugen, wir kriegen keine bessere Zukunft in Deutschland, bis die Regierung in die Luft gesprengt ist. Und ich sag' Dir: Ich mach's, ich tu's!"
(Georg Elser zu seinem Freund Eugen Rau)

Als Hilfsarbeiter in einem Steinbruch konnte er im Frühjahr 1939 täglich kleinere Mengen Sprengstoff entwenden. Sobald er ausreichende Mittel und Kenntnisse zum Bau einer Bombe gesammelt hatte, zog er nach München, um den Anschlag vorzubereiten.
Bei den Lehmanns gab er sich als Erfinder aus. In der Türkenstraße 59 mietete Elser zusätzlich eine kleine Werkstatt an. Hier baute er die Bombe zusammen. Gleichzeitig präparierte er in mühseliger nächtlicher Arbeit eine Säule im Bürgerbräukeller, in welche er die „Höllenmaschine" später einsetzte. Das Attentat

Der einsame Held

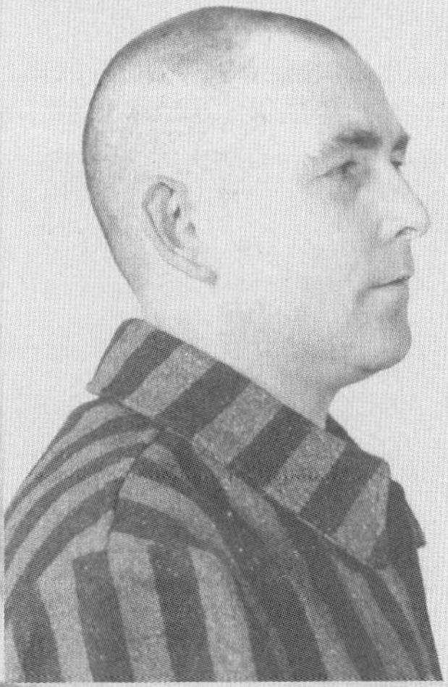

Georg Elser 1903–1945

„Diese Rede wird eine Weltsensation werden", jubelte Propagandaminister Goebbels, als Hitler am 8. November 1939 im ▷ **Bürgerbräukeller** seine Ansprache zum Gedenken an den Putschversuch von 1923 hielt. Doch in die Geschichte sollte dieser Tag auf andere Weise eingehen. Um 21.20 Uhr detonierte im Festsaal eine Bombe, in unmittelbarer Nähe des Rednerpults, an dem Hitler eben noch gestanden hatte.

In den Wochen zuvor war Abend für Abend ein hagerer junger Mann mit starkem schwäbischen Dialekt im Bürgerbräukeller aufgetaucht. Er hieß Georg Elser. Jedes Mal blieb der gelernte Schreiner bis zur Sperrstunde im Gastraum sitzen und versteckte sich dann, bis das Personal das Gebäude verlassen hatte. Anschließend machte er sich an die Arbeit. Vorsichtig meißelte er nach und nach in eine der Säulen des Saales einen Hohlraum. Dieser war hinter einer Holzvertäfelung verborgen, die Elser nach jedem nächtlichen Einsatz wieder anbrachte. Den Bauschutt transportierte er in einem Handkoffer ab. Am 1. November begann Elser damit, die Bombe in die Höhlung einzubauen, in der Nacht zum 8. November machte er schließlich den Sprengsatz mit einem selbstgebastelten Zeitzünder scharf.

Am Abend des geplanten Attentats traf Hitler wie vorgesehen um 20 Uhr im Bürgerbräukeller ein. Doch er begann eine halbe Stunde früher als gewohnt mit seiner Rede, die überdies kürzer ausfiel als erwartet. Nach weniger als einer Stunde beendete er die Ansprache und verließ sofort den Festsaal, ohne sich wie gewohnt zu den „Alten Kämpfern" zu setzen. Acht Minuten später detonierte plangemäß die Bombe, zerstörte das Rednerpult und ließ die Decke teilweise einstürzen. Acht Menschen starben, über 60 wurden verletzt.

Bereits vor der Explosion wurde Elser in Konstanz bei dem Versuch festgenommen, auf illegalem Weg in die Schweiz zu gelangen. Erst als die Grenzstationen gegen Mitternacht von dem Attentat unterrichtet wurden, erkannte man, dass es sich hier nicht um einen Routinefall handelte.

Hitler wurde übrigens nicht, wie von der Propaganda behauptet, durch die „Vorsehung" gerettet, sondern durch seinen Willen zum Krieg. Er hatte den Bürgerbräukeller so rasch verlassen, um sich in Berlin wieder den Vorbereitungen zum Angriff auf Frankreich widmen zu können.

54 Von der Gestapo sichergestelltes Werkzeug Elsers

38 Zerstörter Bürgerbräukeller

Heinrich Hoffmann 1885–1957

Am 1. August 1914, bei Ausbruch des 1. Weltkrieges, fotografierte Heinrich Hoffmann eine Kundgebung auf dem Odeonsplatz in München. Jahre später identifizierte man auf der Abbildung zwischen Hunderten von Köpfen den jubelnden Adolf Hitler. Es blieb nicht bei dieser Zufallsaufnahme. Ab 1923 fertigte der Pressefotograf Hoffmann, seit 1920 Mitglied der DAP/NSDAP, Porträts von Hitler an. Schnell avancierte er zu einer Art Hoffotograf des „Führers", wurde dessen ständiger Begleiter und wichtigster Imageproduzent. Nach 1933 besaß Hoffmann praktisch ein Monopol auf die Bildberichterstattung der NSDAP, obwohl er nie ein offizielles Parteiamt bekleidete und sich den Titel **„Reichsbildberichterstatter"** selbst zulegte. Mit der Verwertung von Bild- und Buchrechten brachte er es 1944 auf ein Jahreseinkommen von 3,5 Millionen Reichsmark. Im Auftrag Hitlers wählte Hoffmann auch die Exponate für das Münchener ▷ **Haus der Deutschen Kunst** aus. Im Lauf des Krieges erwarb er im großen Stil alte Meister – sie stammten aus Museen, die von deutschen Dienststellen geplündert worden waren. Hoffmann war damit unmittelbar am größten Kunstraub aller Zeiten beteiligt. Vor dem Internationalen Militärgerichtshof in Nürnberg trat er als Zeuge auf. Man griff auf seine Archivbestände zurück, um an Beweisdokumente zu gelangen. Er selbst wurde 1947 von einer Münchener Spruchkammer als „Hauptschuldiger" zu zehn Jahren Arbeitslager verurteilt, kam allerdings 1950 wieder frei. Sieben Jahre später starb Hoffmann in München.

scheiterte, und noch am 8. November 1939 wurde Elser an der Grenze zur Schweiz festgenommen. Erst nach längeren Verhören durch die Gestapo gestand Elser die Tat. Dass er diese allein geplant und ausgeführt hatte, wollte man ihm jedoch nicht glauben. **„Das Werk des [britischen] secret service"**, notierte Joseph Goebbels in seinem Tagebuch, und so verkündete es auch die Propaganda. Als Sonderhäftling kam Elser zunächst ins Konzentrationslager Sachsenhausen – vermutlich wollte man ihn nach dem Krieg in einem Schauprozess verurteilen. Am 9. April 1945 wurde er im ▷ **KZ Dachau** erschossen.
Ein kleiner Platz an der Türkenstraße, den Georg Elser jeden Tag auf dem Weg zum ▷ **Bürgerbräukeller** passierte, ist heute nach ihm benannt.

55
Redaktionshaus „Völkischer Beobachter"

→ Schellingstr. 39–41, Karte C1

Ⓤ Universität Seit Ende 1920 verfügte die NSDAP mit dem im ▷ **Eher Verlag** erscheinenden „Völkischen Beobachter" über eine eigene Parteizeitung. Doch dabei handelte es sich zunächst nur um ein kümmerliches vierseitiges Blatt, das bloß zweimal pro Woche herauskam. Ernst Hanfstaengl, der spätere Auslandspressechef der NSDAP, spendete schließlich 1.000 US-Dollar für den Kauf von Rotationsdruckmaschinen im amerikanischen Zeitungsformat, und ab dem 8. Februar 1923 konnte der „Völkische Beobachter" täglich erscheinen. Als Chefredakteur löste im selben Jahr Alfred Rosenberg den kränkelnden Dietrich Eckart ab. An der Schellingstraße befanden sich die Redaktionsräume sowie die Druckerei. Hier wurden auch die meisten Bücher des Eher Verlags gedruckt, darunter die fast zehn Millionen Exemplare von Hitlers ▷ **„Mein Kampf"**. Die letzte Ausgabe des „Völkischen Beobachters" trug das Datum vom 30. April 1945 und berichtete über die angeblich erfolgreiche Verteidigung der „Hauptstadt der Bewegung". Ausgeliefert wurde kein einziges Exemplar. An diesem Tag marschierten US-Truppen in München ein.

56
Heinrich Hoffmann. Verlag nationalsozialistischer Bilder

→ Theresienstr. 74, Karte C2 Ⓤ Theresienstraße 1913 richtete der Pressefotograf Heinrich Hoffmann in der Schellingstraße 50 den Bilderdienst **„Photobericht Hoffmann"** ein. Im selben Haus brachte 1925 die NSDAP ihre Reichshauptgeschäftsstelle unter – auf Vermittlung Hoffmanns, der inzwischen als Hitlers persönlicher Fotograf tätig war.
Das großräumige Atelier über seinem Fotostudio diente nun der SA als „Ehrensaal". Für Hoffmanns florierendes Unternehmen erwiesen sich die Verhältnisse bald als zu beengt. Im Oktober 1929 verlegte er daher seinen Firmensitz und eröffnete im ersten Stock eines repräsentativen Geschäftslokals in der Amalienstraße (Ecke Theresienstraße) das **„Photohaus Hoffmann"**. Angeboten wurden Fotobedarf für Amateure, die Ausführung von Servicearbeiten sowie Postkarten mit Porträts von NS-Führern oder Parteitagsansichten. Zu den Angestellten gehörte auch die junge Eva Braun, die hinter der Ladentheke stand und gelegentlich vor der Kamera ihres Chefs posierte. 1929 lernte sie in Hoffmanns Fotohaus ihren späteren Gatten Adolf Hitler kennen.

Nach der Machtübernahme der Nazis wurde aus dem einstigen Kleinbetrieb das Großunternehmen **Heinrich Hoffmann. Verlag nationalsozialistischer Bilder**.
Das Stammhaus mit Büro- und Ausstellungsräumen hatte seinen Sitz in der Theresienstraße 74. Im Jahr 1941 zog man in das von Juden enteignete Anwesen Friedrichstraße 34 um. Hoffmann unterhielt jetzt Filialen in Berlin, Düsseldorf, Wien, Prag, Den Haag, Straßburg, Paris und Riga. Der Umsatz der Firma lag 1943 bei über 15 Millionen Reichsmark, wobei die Erlöse hauptsächlich aus dem Handel mit Hitler-Porträts in allen erdenklichen Formen stammten. Auf deren Anfertigung und Verkauf besaß Heinrich Hoffmann das Monopol.
Nach dem Krieg lagen seine Münchener Geschäftshäuser in Ruinen, lediglich das Gebäude Schellingstraße 50 steht heute noch. Ein kleiner steinerner Reichsadler über der Hofeinfahrt erinnert an vergangene Zeiten.

„So viel Ehre, so viel Pech! Er selbst sitzt, der Schwiegersohn sitzt, die Hitlerbilder sind entrahmt, die Spitzwegs und andere Erwerbungen dürfen auch nicht Hoffmannscher Familienbesitz bleiben. Das Ungewöhnliche ist wieder gewöhnlich geworden, und jetzt sortiert Heinrich Hoffmann in Nürnberg Fotografien wie einst, als er ein kleiner Fotograf in München war. Da kann man nur sagen: Gut wenn einer was gelernt hat! Wenn alle Stricke reißen, kann Heinrich Hoffmann immer noch ein Buch herausgeben: ‚Hitler wie ich ihn sah!' "
(Wiener „Arbeiter Zeitung", 1945)

56 Filialen in ganz Europa: Geschäftslokal Heinrich Hoffmanns in Düsseldorf

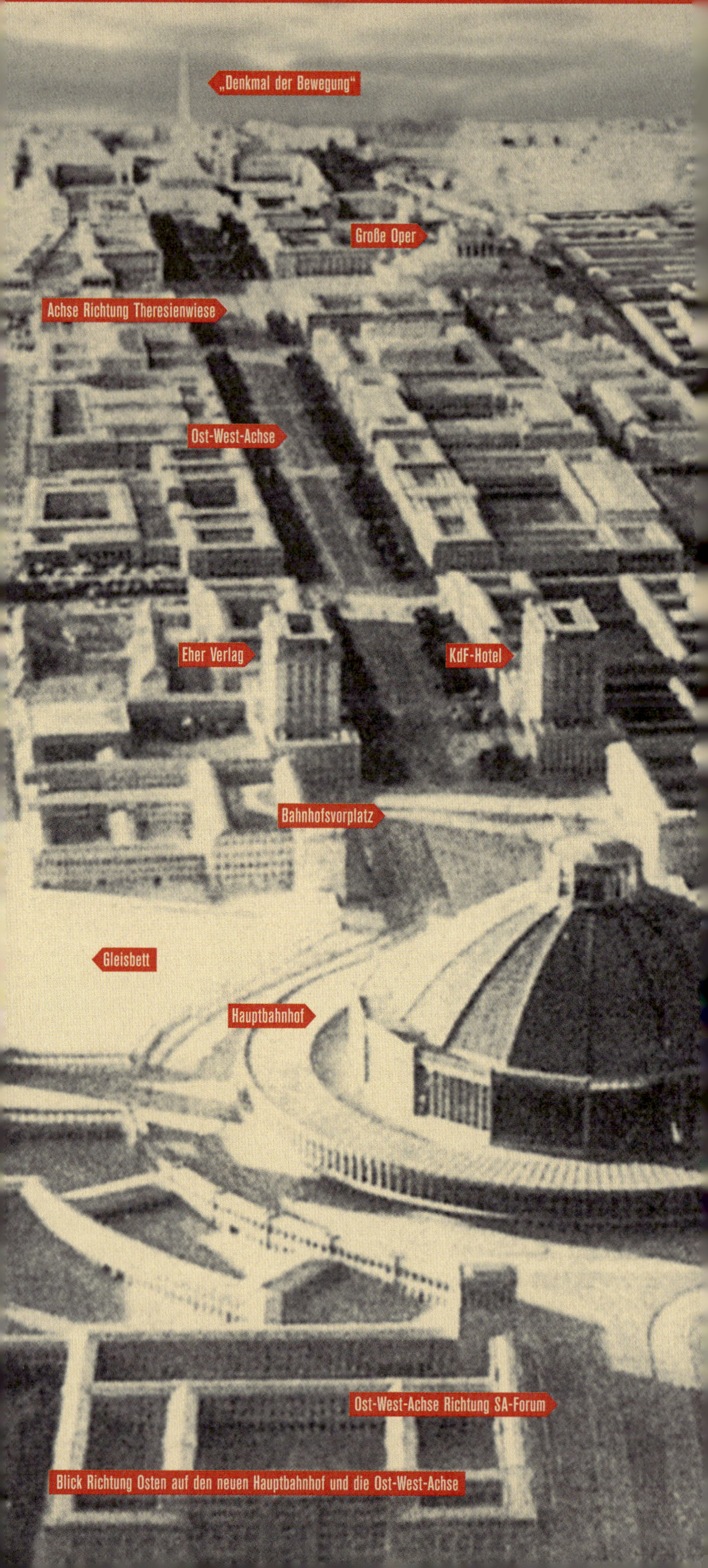

Blick Richtung Osten auf den neuen Hauptbahnhof und die Ost-West-Achse

„Hauptstadt der Bewegung"

Neben Berlin, Hamburg, Nürnberg und Linz war München eine der fünf so genannten „Führerstädte" des „Dritten Reiches". Diese sollten städtebaulich radikal umgestaltet werden – Berlin als künftige Weltmetropole „Germania", Hamburg als größter deutscher Seehafen, Nürnberg als Parteitagsort, Linz als Museumsstadt und München als Verwaltungszentrum sowie Gründungsstätte der NSDAP. Von den Planungen zum Umbau der „Hauptstadt der Bewegung" wurde nur ein kleiner Teil realisiert, etwa das Haus der Deutschen Kunst oder die beiden Parteibauten an der Arcisstraße. Die meisten Projekte, die München ein neues Gesicht verleihen sollten, sind Entwürfe geblieben.

Zunächst hatte Hitler seinen Architekten Paul Ludwig Troost als Chefplaner für die Umgestaltung Münchens vorgesehen. Nach dessen Tod 1934 übernahm eine Sonderbaubehörde diese Aufgabe. Im Dezember 1938 schließlich wurde Hermann Giesler zum „Generalbaurat für die Hauptstadt der Bewegung" ernannt. Er trieb die bisherigen, bereits bombastischen Entwürfe in vollends größenwahnsinnige Dimensionen – auch deshalb, weil er mit Albert Speer konkurrierte, dem Baumeister des „neuen Berlin".

Kernpunkt der Planungen war eine über sechs Kilometer lange Ost-West-Achse, die vom Stachus als östlichem Endpunkt bis zu einem „Forum der SA" und einem Autobahnzubringer am westlichen Stadtrand gereicht hätte. Auf dieser Trasse sollte ein neuer, weit nach Westen gerückter Hauptbahnhof mit einer riesigen Kuppel entstehen, während an der Stelle des alten Bahnhofs ein 200 Meter hohes „Denkmal der Bewegung" geplant war. Dazwischen hätte sich die „Große Achse" erstreckt, eine 2,5 Kilometer lange und 120 Meter breite Pracht- und Parademeile. Entlang dieser Straße sollten Kulturbauten wie die Große Oper, Repräsentationsgebäude der Gaue und ein Armeemuseum entstehen, aber auch Varietés, zwei Großkinos, ein Kaufhaus mit Hallenbad („Thermen") und ein pompöser „Bierpalast". Zwei von Ernst Sagebiel entworfene Hochhäuser – ein Verwaltungsbau für den Zentralverlag der NSDAP im Norden und ein „Kraft-durch-Freude-Hotel" im Süden – hätten die Öffnung der Achse zum neuen Kuppelbahnhof flankiert und ein 93 Meter hohes Tor zur Innenstadt gebildet.

Unten: Entwurf Hermann Gieslers für das künftige Grabmal Adolf Hitlers in München (Kuppelbau rechts). Eine Brücke über die Gabelsbergerstraße sollte das Mausoleum mit der „Halle der Partei" verbinden.

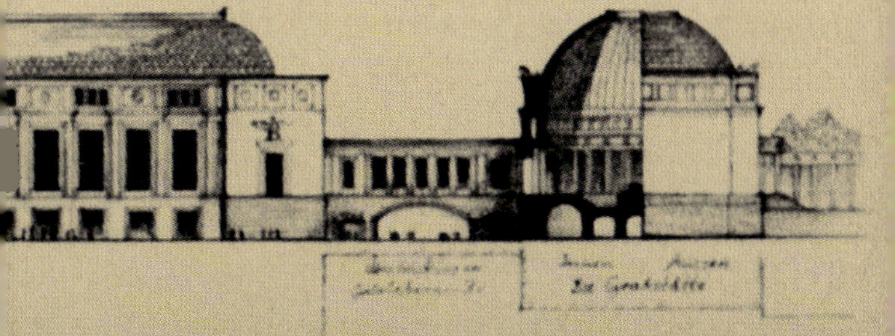

Europas größter Bahnhof

Hauptbahnhof
Paul Bonatz u.a., Planung 1934–1942
→ „Große Achse"/Landsberger Str., Friedenheimer Brücke Dreh- und Angelpunkt der Neuplanungen war ein gewaltiger Hauptbahnhof am westlichen Ende der „Großen Achse", mehr als zwei Kilometer vom Standort des alten Bahnhofs entfernt. Eine Verlegung des Münchener Hauptbahnhofs war bereits in den zwanziger Jahren verschiedentlich erwogen worden.
Nach 1933 legten dann die Reichsbahndirektion sowie die Sonderbaubehörde für München jeweils eigene Entwürfe für einen neuen Verkehrsknotenpunkt vor. Mit der Ernennung Hermann Gieslers zum „Generalbaurat für die Hauptstadt der Bewegung" Ende 1938 wurden die Planungen weiter forciert. Giesler ließ im Mai 1939 einen Wettbewerb unter den großen deutschen Stahlbaufirmen ausschreiben. Durchsetzen konnte sich die Dortmunder Firma Klönne mit dem Architekten Paul Bonatz als Berater. Bonatz wurde 1940 zum „Beauftragten für die architektonische Gestaltung des neuen Hauptbahnhofs" ernannt.
Die Entwürfe sahen eine polygonale, verglaste Halle vor, die von einer riesigen, mit einem Faltwerk aus Aluminiumplatten verkleideten Kuppel überspannt sein sollte. Für die stützenfreie Stahlkonstruktion plante man vorläufig einen Durchmesser von 265 Metern und eine Höhe von 137 Metern. Im Innern sollten die Reisenden über eine umlaufende Kreisplattform zu den abgesenkten Bahnsteigen gelangen. Eine zweite, tiefere Ebene war für den Nahverkehr bestimmt.
Welche Dimensionen das Bahnhofsgebäude gehabt hätte, verdeutlichte eine Grafik der Planer, die verschiedene berühmte Bauwerke zum Größenvergleich nebeneinander stellte. Die Münchener Frauenkirche etwa hätte unter der Kuppel des „größten Bahnhofs Europas" mit Leichtigkeit Platz gefunden. In den letzten Entwürfen wurde der Durchmesser der Halle dann noch einmal vergrößert – auf bis zu 360 Meter. Das war notwendig, um den Bahnhof für die geplante Breitspurbahn nutzbar zu machen.

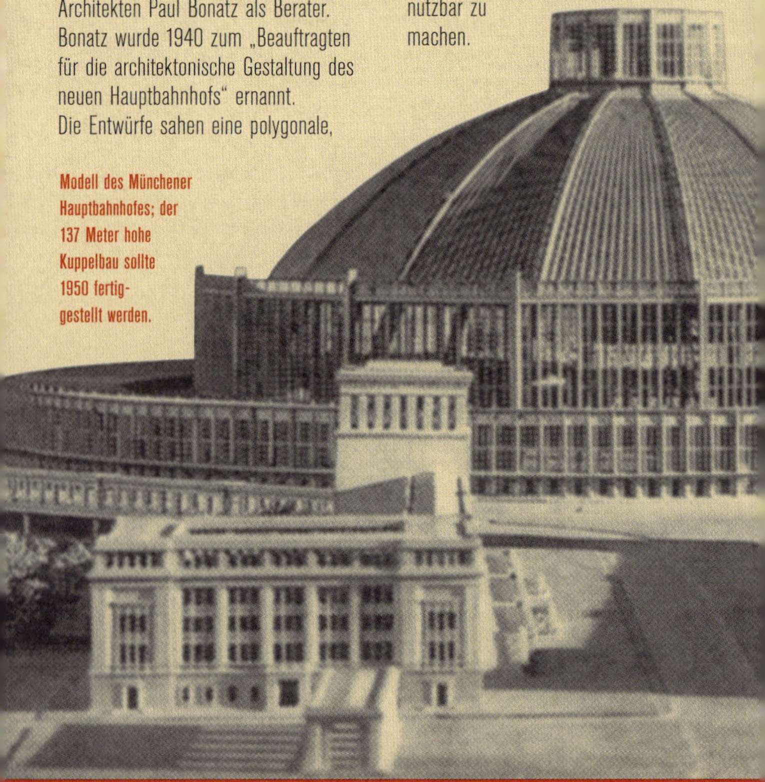

Modell des Münchener Hauptbahnhofes; der 137 Meter hohe Kuppelbau sollte 1950 fertiggestellt werden.

Monumentale Dimensionen sollten nach Hitlers Vorstellungen nämlich auch die Züge des künftigen „Großgermanischen Reiches" haben.
Schon 1937 gab er Order zur Entwicklung eines neuartigen Schienensystems, das die Städte Berlin, Hamburg, München und Linz miteinander verbinden sollte. Vorgesehen waren Züge mit einer Spurbreite von drei Metern, die Geschwindigkeiten von bis zu 250 Stundenkilometern erreichen sollten. Auch nach Kriegsbeginn wurde das Projekt trotz starker Bedenken von Seiten der Reichsbahn vorangetrieben. Das Münchener Reichsbahnzentralamt legte im November 1942 ein detailliertes Konzept vor, das unter Leitung des Ingenieurs Günter Wiens ausgearbeitet worden war. Die Pläne sahen fast sieben Meter hohe Personenwagen vor, die genügend Raum für zwei luxuriös ausgestattete Etagen bieten und bis zu 300 Personen aufnehmen sollten. Die Güterwagen waren auf eine Achslast von bis zu 30 Tonnen ausgelegt und sollten mit – damals neuartigen – Containern bestückt werden. Nach dem gewonnenen Krieg wollte man mit solchen Zügen auch den annektierten „Lebensraum im Osten" erschließen. Geplant waren Verbindungen nach Leningrad, Moskau und Rostow. Ein Modell der Breitspureisenbahn befindet sich heute im Deutsch-Russischen Museum in Berlin.

Hermann Giesler 1898–1987
Hermann Giesler, Bruder des späteren Gauleiters von München, Paul Giesler, stammte aus einer Familie von Architekten. Durch seine Entwürfe für die ▷ **„Ordensburg" Sonthofen** und das Weimarer „Gauforum" lernte er Hitler kennen, der in ihm ein folgsames Werkzeug für seine Pläne erkannte. Giesler avancierte so zum schärfsten Rivalen Albert Speers und entwarf unter anderem die ▷ **„Hohe Schule"** am Chiemsee. 1938 wurde er zum „Generalbaurat für die Hauptstadt der Bewegung" ernannt; damit hatte er die Planungshoheit über ganz München inne. Reichsleiter Martin Bormann übertrug ihm zusätzlich den Ausbau des Obersalzbergs. Als Krönung bekam Giesler 1940 von Hitler die Gesamtplanung für Linz zugesprochen. Hitler wollte den Ort seiner Jugend zu einer kulturellen „Weltstadt" ausbauen. Am 18. Februar 1945 überbrachte Giesler dem „Führer" im Bunker der Berliner Reichskanzlei ein illuminiertes Modell des neuen Linz. Überwältigt stand Hitler lange davor, versunken in einer Traumwelt.
Es war Architektur, die nie gebaut werden sollte. Giesler starb 1987 in Düsseldorf.

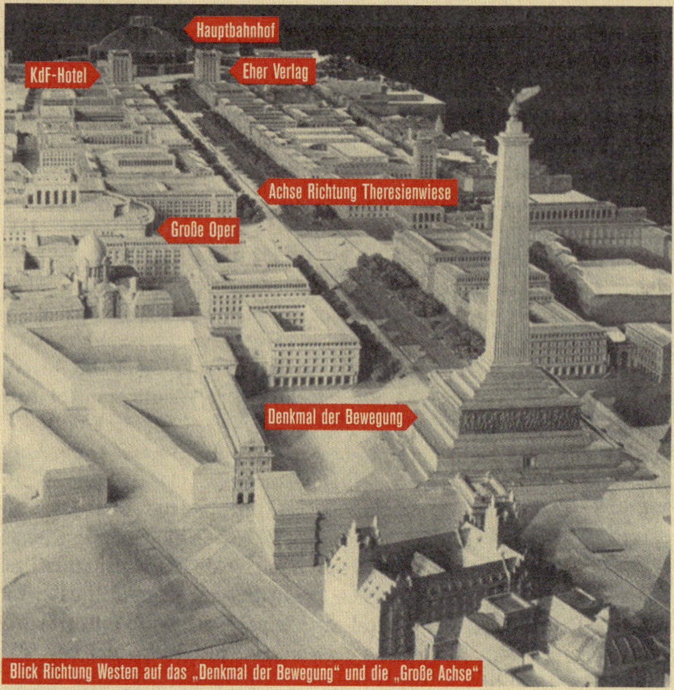

Blick Richtung Westen auf das „Denkmal der Bewegung“ und die „Große Achse“

Der Kanzleibau der NSDAP sollte im Anschluss an den „Führerbau“ entstehen

Deutscher Pavillon in Paris, 1937

„Hohe Schule“ am Chiemsee

„Neues Odeon“ am Hofgarten

Der neue Münchener Hauptbahnhof sollte den ursprünglichen Planungen zufolge bereits am 1. August 1945 in Betrieb genommen werden. Wegen des anhaltenden Krieges verschob man den Termin später auf das Jahr 1950. Am Ende wurde dieses Projekt ebenso wenig realisiert wie der geplante neue Südbahnhof oder der neue Ostbahnhof. Allein kriegswichtige Verladebahnhöfe wie in Milbertshofen oder Pasing ließen die NS-Machthaber ausbauen, um den Nachschub für die Front zu sichern. Der Architekt Paul Bonatz setzte sich 1942 in die neutrale Türkei ab, offenbar zermürbt von den größenwahnsinnigen Projekten und den ständigen Planungsänderungen.

Kanzleibau der NSDAP/ Technische Universität

⌂ Atelier Troost, Leonhard Gall, 1939 (Teilerrichtung) → Arcis-, Gabelsberger-, Barer Str. Als Zentrum der Parteiverwaltung sollte im direkten Anschluss an den ▷ **„Führerbau"** der monumentale Kanzleibau der NSDAP entstehen. Der fünfgeschossige, 140 Meter lange Haupttrakt des Gebäudes wäre – als Pendant zur gegenüberliegenden Alten Pinakothek – entlang der Gabelsbergerstraße verlaufen. Den Plänen nach sollte die Fassade durch ein zentral angeordnetes Eingangsportal mit drei kolossalen Arkadenbögen unterbrochen werden. Außer Repräsentationsräumen im ersten Stock sowie einer Kantine im Erdgeschoss wollte man in dem Komplex hauptsächlich Büroräume unterbringen. Der Kanzleibau wäre über einen Anbau direkt mit dem ▷ **„Führerbau"** verbunden gewesen. Fertig gestellt wurden bis Kriegsbeginn lediglich die ausgedehnten Bunkeranlagen des Gebäudes. Auf ihnen entstanden zwischen 1965 und 1970 die Neubauten der Technischen Universität.

Deutscher Pavillon

⌂ Albert Speer, 1937 → Place du Trocadéro, Paris / Danziger Freiheit / Münchner Freiheit Im Jahr 1937 stand die Weltausstellung in Paris an. Hitler hatte die Teilnahme zunächst abgelehnt, da ihm alle vorgelegten Entwürfe für einen deutschen Pavillon missfielen. Zu seiner Verärgerung trug ebenfalls bei, dass die französischen Ausstellungsleiter vorsahen, den deutschen Pavillon genau gegenüber dem sowjetischen zu errichten. Albert Speer fuhr schließlich nach Paris, um die Lage zu erkunden. Bei der Besichtigung des Geländes „verirrte" er sich dank des Hinweises eines französischen Angestellten in den Raum, in dem sich das Modell des geheimen sowjetischen Entwurfs befand. Dieser sah ein zehn Meter hohes Figurenpaar vor, das auf einem aufwärtsstrebenden Podest triumphal in Richtung des deutschen Pavillons schreiten sollte. Mit diesem Wissen kehrte Speer zurück und entwarf einen deutlich höheren, schlanken Pfeilerbau, der den sowjetischen Ansturm aufzuhalten schien. Oben thronte ein Adler mit Eichenlaub und Hakenkreuz in den Fängen, der stolz auf die vergeblich andrängende Gegenmacht herabblickte. Sowohl Speer als auch der sowjetrussische Architekt Boris Jofan erhielten für ihre Arbeiten eine Goldmedaille.
Als man die Bauten in Paris wieder abgetragen hatte, sollte der deutsche Pavillon nach Hitlers persönlichem Wunsch auf dem Areal der Danziger Freiheit (heute Münchner Freiheit) im Norden Münchens neu errichtet werden. Dazu kam es nicht mehr.

„Neues Odeon"

⌂ Ernst Haiger, Planung 1938–1942 → Odeonsplatz Im Zusammenhang mit dem Neubau des ▷ **Zentralministeriums** zwischen Galerie- und Von-der-Tann-Straße wurden auch Pläne für ein „Neues Odeon" entwickelt. Hier sollten musikalische Veranstaltungen stattfinden. Der Entwurf des Architekten Ernst Haiger sah einen völlig überdimensionierten Bau vor, der an der Stelle des altehrwürdigen Bazargebäudes von 1826 errichtet und hinter die Bauflucht des Hofgartens zurückgesetzt werden sollte. Dadurch hätte man den gesamten westlichen Teil der Parkanlage zerstört. Ebenso wie der ▷ **Königsplatz** sollte auch der Odeonsplatz einer Neugestaltung unterzogen und dabei „versteinert" werden. Das gesamte Areal bis zur Feldherrnhalle war als Aufmarschplatz vorgesehen.

„Denkmal der Bewegung“

Hermann Reinhard Alker, Albert Speer, Hermann Giesler u.a., Planung 1933–44

→ „Große Achse“ / Hauptbahnhof

Der Entwurf für ein Denkmal, das an die Gründung der NSDAP in München erinnern sollte, ging auf eine Reihe von Skizzen Hitlers zurück. Albert Speer fertigte auf dieser Grundlage detaillierte Pläne an, die von anderen Architekten allerdings weiter überarbeitet wurden. Auf einer quadratischen Grundplatte mit einer Seitenlänge von über 100 Metern sollte sich über mehrfach abgestuften Sockeln und einem zehn Meter hohen Reliefband ein rund 200 Meter hoher Marmorpfeiler auftürmen. Auf dessen Spitze hätte der Reichsadler über einer Weltkugel gethront.
Für das Innere war ein 50 Meter hoher Säulenrundgang geplant, in dessen Zentrum die „Blutfahne“ von 1923 in einer Art Reliquienschrein aufbewahrt worden wäre. Den Vorstellungen Hermann Gieslers zufolge sollte das Denkmal außen mit nichtrostendem Silberstahl verkleidet werden.
Als Pendant zum Kuppelbau des neuen ▷ **Hauptbahnhofs** hätte das Denkmal am östlichen Ende der Ost-West-Achse an der Stelle des heutigen Bahnhofs gestanden. Die Errichtung sollte im Januar 1946 beginnen. Abgeschlossen werden sollte das 150 Millionen Reichsmark teure Projekt im Jahr 1950 – rechtzeitig zu den Feierlichkeiten anlässlich des 30-jährigen Jubiläums der Parteigründung.

Hitler-Mausoleum

⌂ Hermann Giesler, Planung 1940
→ Gabelsberger-Ecke Türkenstr.
Nach dem Sieg über Frankreich besichtigte Hitler Ende Juni 1940 das eroberte Paris. Neben zahlreichen Vertretern der Wehrmacht begleiteten ihn die Architekten Albert Speer und Hermann Giesler sowie der Bildhauer Arno Breker. Im Invalidendom verweilte Hitler voller Ehrfurcht am Sarkophag Napoleons. Beim Verlassen des Gebäudes soll er Giesler den Auftrag erteilt haben, ihm in der „Hauptstadt der Bewegung" ein Mausoleum zu errichten. Als Standort wurde die Freifläche hinter der ⊳ **Gestapo-Zentrale** im Wittelsbacher Palais ausgewählt.
Nach zwei Skizzen Hitlers aus den Jahren 1937 und 1939 begann Giesler nun mit eigenen Entwürfen. In Anlehnung an das Pantheon in Rom plante er einen quadratischen Baukörper mit einer Flachkuppel. Ein schlichter Sarkophag hätte den Mittelpunkt der Halle gebildet. Der Zugang von Richtung Brienner Straße wäre über Hallengänge erfolgt, während der Haupteingang an der Türkenstraße einen Pfeilervorbau erhalten sollte. Eine Brückengalerie über die Gabelsbergerstraße hätte die Grabstätte mit einer geplanten „Halle der Partei" verbunden. Zu Ehren des toten „Führers" sollte später alljährlich ein Zeremoniell stattfinden, bei dem Abordnungen der NSDAP mit ihren Fahnen und Standarten einmal um den Sarkophag herum und dann über die Brücke zu einer Kundgebung in der großen Versammlungshalle marschiert wären.

Große Oper

⌂ Waldemar Brinkmann, Planung 1937
→ „Große Achse" Im Rahmen der Umbaumaßnahmen für die „Hauptstadt der Bewegung" wollte man in München die größte Oper der Welt errichten.
Sie sollte 3.000 Zuschauern Platz bieten. Als Standort war der Kreuzungspunkt zwischen der „Großen Achse" und einer Monumentalstraße Richtung ⊳ **Theresienwiese** vorgesehen. Nahe dem **„Denkmal der Bewegung"** hätte die Oper mit einem vorgelagerten Platz eine zentrale Position auf der neuen Ost-West-Straße eingenommen.
Der Entwurf ging angeblich auf Skizzen Hitlers zurück, was gewisse Ähnlichkeiten mit dem ihm wohlbekannten Wiener Burgtheater erklären würde. Während seiner Jahre als freischaffender Postkartenmaler hatte Hitler, der vor allem die Werke Richard Wagners schätzte, regelmäßig die großen Bühnenhäuser von Wien besucht.

Um die Prachtbauten an der „Großen Achse" verwirklichen zu können, plante Chefarchitekt Hermann Giesler die Einrichtung eines großen Natursteinlagers mit angegliederter Steinmetzschule in München-Allach. Im Mai 1942 sagte ihm „Reichsführer SS" Heinrich Himmler seine Unterstützung für sämtliche Planungen zu. Dadurch standen Giesler mit SS-eigenen Betrieben wie den „Deutschen Erd- und Steinwerken" KZ-Häftlinge als Arbeitskräfte zur Verfügung.

Haus der Deutschen Architektur

⌂ Leonhard Gall, Planung 1938–1944
→ Prinzregentenstr. Im Februar 1938 äußerte Hitler die Idee, gegenüber dem ⊳ **Haus der Deutschen Kunst** ein weiteres Ausstellungsgebäude zu errichten.
Der Neubau sollte als vereinfachte und deutlich untergeordnete Version des großen Kunsttempels geplant werden. Architekt Leonhard Gall, der langjährige

Skizze Hitlers für das „Denkmal der Bewegung" von 1937 mit Anmerkungen Albert Speers

Mitarbeiter Paul Ludwig Troosts, verzichtete in seinen diversen Entwürfen daher auf freigestellte Kolonnaden und eine Freitreppe. Ausstellen wollte man hier Architekturmodelle und kunstgewerbliche Objekte.
Die Grundsteinlegung sollte ursprünglich 1940 am „Tag der deutschen Kunst“ stattfinden. Bis Kriegsende kam es zu keiner konkreten Ausarbeitung der Pläne.

Theresienwiese und Sportforum

⌂ German Bestelmeyer, Ludwig Moshamer, Hermann Reinhard Alker, Georg Buchner, Planung 1941 →Theresienwiese

Die Münchener Theresienwiese verdankt ihren Namen der Prinzessin Therese von Sachsen-Hildburghausen, die 1810 den bayerischen Kronprinzen Ludwig I. heiratete. Aus Anlass der Vermählung fand auf einem Platz im Westen der Stadt ein öffentliches Pferderennen mit Bierausschank statt. Der Ort des Geschehens wurde später nach der Braut benannt, die Feier alljährlich wiederholt – so entstand das Münchener Oktoberfest.

Auch diese Stätte bezogen die Nazis in den geplanten Umbau Münchens ein. Hier wollte man wieder Pferderennen abhalten, allerdings in größerem Stil. Am Südende des Geländes sollte eine gewaltige Versammlungshalle errichtet werden, ihr vorgelagert ein sich zur Festwiese hin öffnender Tribünenbau für 12.000 Zuschauer.
Nach Westen hin waren Ausstellungsgebäude geplant, im Osten sollte in Anlehnung an antike Vorbilder ein Sportforum mit einem Stadion, „Thermen“ und einem „Gymnasion“ entstehen.

„SS-Soldatenstadt“

⌂ Hermann Giesler, Planung ab 1942 → Zwischen Ingolstädter Str. und Isar

1942 griff SS-Chef Himmler Pläne zur Errichtung einer „Soldatenstadt“ im Norden Münchens auf. Mit Generalbaurat Giesler verhandelte er über ein SS- und Polizeiwohnviertel für 30.000 bis 40.000 Menschen. Am Ende der Autobahn Berlin-München sollten demnach – gleichsam als Eingangstor zur „Hauptstadt der Bewegung“ – zwei festungsartige Kasernenbauten der SS entstehen. Richtung Süden wären entlang einer zwei Kilometer langen Achse Wohnblöcke in einer Größe von 420 mal 350 Meter gebaut worden. Den Endpunkt der Straße sollte ein Kreisverkehr mit einem Gästehaus der SS bilden, von dem aus die gesamte Achse zu überblicken gewesen wäre.

„Wir werden uns gewöhnen müssen, (...) in größeren Dimensionen zu denken und zu empfinden, um damit unser ganzes Sein zu steigern." („Völkischer Beobachter")

Zudem plante man, in repräsentativer Lage am Englischen Garten ein SS-Standortkasino mit angeschlossenen Generalswohnungen zu errichten.

„Hohe Schule"

⌂ Hermann Giesler, Planung 1938–1944 → Landzunge am Nordostufer des Chiemsees Die „Hohe Schule" war ein Projekt des Partei-Ideologen Alfred Rosenberg. Sie sollte als eine Art Eliteakademie für angehende Funktionäre der NSDAP dienen. Erste Entwürfe für ein Gebäude lagen bereits 1938 vor. Die einzige Vorgabe Hitlers bestand darin, dass eine in jeder Hinsicht monumentale Anlage geschaffen werden müsse – als **„Schlußstein des Gewölbes der Erziehung, Bildung und Auslese"**.

Mit der Planung befasste sich Generalbaurat Hermann Giesler persönlich. Standort sollte ein Gelände am Nordostufer des Chiemsees sein. Der Entwurf sah ein weitläufiges Gebäudeensemble mit einem 100 Meter hohen Turmbau im Zentrum vor. Das festungsartige Bauwerk mit seinen massiv erscheinenden Eckpfei-lern, auf deren Spitzen jeweils ein fast vier Meter großer Reichsadler thronen sollte, wäre in der flachen Landschaft weithin sichtbar gewesen. Die Zufahrt sollte über eigene Eisenbahn- und Autobahnanschlüsse erfolgen. Als Eingangsportal war ein Triumphbogen geplant, durch den man auf die 1.700 Meter lange Hauptstraße gelangen sollte. Im Hauptgebäude wäre für die alljährliche Rede Hitlers ein „Hoher Saal" mit angeschlossenen Repräsentationsräumen und der Zentralbibliothek eingerichtet worden. Im obersten Stockwerk sollte sich ein Observatorium befinden.
Von den Planungen wurde nicht mehr ausgeführt als ein immerhin 40 Quadratmeter großes Modell.

Der neue Münchener Hauptbahnhof im internationalen Größenvergleich; nach der endgültigen Planung sollte er dieselbe Höhe erreichen wie der Petersdom in Rom.

München steht nach einem alliierten Luftangriff in Flammen, im Hintergrund die Frauenkirche, 1944

BOMBENKRIEG Im Mai 1940 eröffnete das britische Bomber Command über dem Ruhrgebiet den Luftkrieg gegen das Deutsche Reich. Kurz darauf nahmen alliierte Flugzeuge auch München ins Visier. Die Isar-Metropole war nicht nur „Hauptstadt der Bewegung", sondern mit Firmen wie BMW und Krauss-Maffei auch ein wichtiges Zentrum der deutschen Rüstungswirtschaft. Dennoch blieb München länger als die Großstädte in Nord- und Westdeutschland von verheerenden Flächenbombardements verschont. Das änderte sich, als den Briten Flugzeuge mit größerer Reichweite zur Verfügung standen.

Schon früh planten deutsche Militärs den Bombenkrieg gegen ausländische Städte. Gegenangriffe kalkulierte man offenbar auch ein. Am Morgen des 5. August 1933 ertönten über München, begleitet von Glockengeläut, die Luftschutzsirenen. Ein Geschwader von niedrig fliegenden Bombern entlud über der Stadt seine Fracht. Es hagelte hunderte mit Sandsäcken beschwerte Papierbomben. Einsatzfahrzeuge rasten zum Ort des Geschehens, SA-Männer in Gasmasken räumten „Schutt" beiseite, suchten nach „Verschütteten" und leisteten „Erste Hilfe". Unter der Regie der Nationalsozialisten war dies der erste simulierte Luftangriff auf München. Die Auswertung ergab, dass beim Abwurf echter Sprengkörper weite Teile der Innenstadt völlig zerstört worden wären.

Nur wenige Jahre später wurde Wirklichkeit aus dem makabren Schauspiel. Im Juni 1940 griffen britische Bomber erstmals München an. Es blieb bei leichten Sachschäden. Anfänglich fühlte man sich in der Stadt vor größeren Bombardements einigermaßen sicher, obwohl angeordnet worden war, in jedem Münchner Haus einen „Luftschutzkeller" einzurichten und leicht brennbares Gerümpel von den Dachböden zu entfernen. München lag zunächst an der äußeren Grenze der Einsatzreichweite alliierter Bomber. Bei Angriffen mussten sie ihre Fracht schnellstmöglich abladen und wieder Richtung Heimat abdrehen. Viele der Bomben landeten so in Vororten und verursachten nur geringe Schäden. Trotz alledem waren die Bewohner Münchens bereits 1940 elf Luftattacken ausgesetzt. Gleichzeitig flogen deutsche Bomberflotten schwere Vergeltungsangriffe gegen Städte in Großbritannien, etwa gegen Coventry am 15. November 1940.

Ab 1942 verfügte das britische Bomber Command unter Luftmarschall Arthur Harris über Maschinen vom Typ Halifax III und Wellington III, die problemlos über jeder deutschen Stadt agieren konnten, auch über München.
In der Nacht vom 9. auf den 10. März 1943 – genau zehn Jahre nach der Machtübernahme der Nazis in München – flogen die Briten einen der bis dato schwersten Luftangriffe auf die „Hauptstadt der Bewegung". 205 Menschen starben, 435 wurden verletzt, fast 9.000 obdachlos. Unter den Gebäuden, die erheblich beschädigt wurden, befand sich neben der Alten und der Neue Pinakothek auch die Bayerische Staatsbibliothek. Kurz nach Mitternacht hatten erste Brandbomben in den Speichergeschossen des Südwesttrakts und des Mittelbaus

Unten: Ein-Mann-Bunker im Münchner Stadtmuseum

Seit Frühjahr 1944 griffen amerikanische Bomber München tagsüber an, während die Briten weiterhin nachts flogen.
Am 25. April stand, sichtbar bis in die Alpen, die ganze Stadt in Flammen. 870.000 Brandbomben hatten ein nicht zu löschendes Inferno verursacht. Die wenigen Luftschutzbunker waren hoffnungslos überfüllt. Allein die hohen Funktionäre der NSDAP mussten sich keine Sorgen um einen Schutzraum machen. Sie hatten reservierte Plätze oder zum Teil luxuriös ausgestattete Privatbunker.

kleinere Feuer ausgelöst. Während die Wachmannschaft noch löschte, schlug eine schwere Phosphorbombe im Mittelbau ein. Binnen Sekunden brannte er lichterloh. Das Glasdach flog in die Luft, und eine gewaltige Stichflamme stieg himmelwärts. Orkanartige Winde schürten das Feuer, das sich rasch auf den Ostbau ausdehnte. Obwohl bis zum Morgen 1.000 Helfer im Einsatz waren, gingen rund 400.000 Bücher verloren.

„Die Bomben taten das, was Hitler nicht geschafft hatte, sie waren die zweite Machtergreifung und schweißten das Volk zusammen.“ (Jörg Friedrich)

Im Juli 1944, als besonders schwere Bombardements niedergingen, war München tagelang ohne Strom, Gas und Wasser, zudem gab es große Probleme mit der Lebensmittelversorgung.

Im Februar 1945 wurde die bereits stark beschädigte Frauenkirche nahezu gänzlich zerstört. Bei über 70 Luftangriffen starben in München insgesamt rund 6.700 Menschen, 15.800 wurden verwundet. 3,5 Millionen Brand- und Sprengbomben sowie Luftminen verwüsteten 45 Prozent der Stadt. 81.500 Wohnungen wurden zerstört, 300.000 Menschen dadurch obdachlos. Der Trümmerberg, den die Bombardierungen hinterließen, hatte ein Ausmaß von etwa fünf Millionen Kubikmetern.

Luftschutzübung mit SA-Männern, 1933

NIEDERLAGE UND BEFREIUNG Die „Hauptstadt der Bewegung" sollte nach Hitlers Willen bis zum letzten Mann verteidigt werden. Dennoch konnte die US-Armee am 30. April 1945 München nahezu kampflos einnehmen. Ob sie das Kriegsende nun als Niederlage oder als Befreiung empfanden – die meisten Münchner dürften angesichts der Übergabe ihrer Stadt schon deshalb erleichtert gewesen sein, weil damit die pausenlosen alliierten Luftangriffe aufhörten. Durch Evakuierungen und die Einberufung aller wehrdienstfähigen Männer hatte sich die Einwohnerzahl fast halbiert und lag nur noch bei rund 470.000.

Am 25. September 1944 ordnete Hitler an, alle bislang noch nicht eingezogenen waffenfähigen Männer zwischen 16 und 60 Jahren zum „Volkssturm" zu verpflichten. Die NS-Propaganda stellte die Aktion als Erhebung der Massen gegen den andrängenden Feind dar. Tatsächlich waren viele der Einberufenen zu alt oder zu jung, um militärisch eingesetzt werden zu können, zumal es allen an Ausrüstung und Training mangelte. In München mussten sich im März 1945 Jungen der Oberschulklassen 6 bis 8, sofern sie nicht in Lagern der Kinderlandverschickung waren, zum Kriegseinsatz beim Volkssturm melden. Sie sollten die Überreste der Stadt mitverteidigen.

Nur ein Gerücht blieb hingegen die „Alpenfestung". Zu Beginn des letzten Kriegsjahres hatte man gemunkelt, Hitler werde sich mit seinen Getreuen an den Ursprungsort der „Bewegung" zurückziehen und München samt dem alpinen Hinterland zur letzten Schutz- und Trutzstätte des Nationalsozialismus ausrufen. Gauleiter Paul Giesler sah sich in seinen Phantasien schon zur entscheidenden Schlacht vor der ▷**Feldherrnhalle** antreten, umringt von „Alten Kämpfern" und mit der „Blutfahne" in der Hand. Nur wenig später allerdings befahl er, die noch vorhandene Infrastruktur Münchens zu zerstören, um den Vormarsch der Amerikaner aufzuhalten.

Dagegen erhob sich am 28. April 1945 die **„Freiheitsaktion Bayern"**, eine Widerstandsgruppe aus rund 400 Soldaten und Zivilisten, die von Hauptmann Rupprecht Gerngroß angeführt wurden. Geplant war, Giesler und andere NS-Machthaber fest-

Ein mit US-Soldaten beladener Sherman-Panzer vor dem Justizpalast, 30. April 1945

zunehmen, um so die kampflose Übergabe Münchens zu ermöglichen und weiteres Blutvergießen zu verhindern. Unter der Losung „Fasanenjagd" (als „Goldfasane" wurden nach 1933 Nazi-Bonzen verspottet) besetzte die Gruppe zunächst die Rundfunksender in Freimann und Erding. Über das Radio rief man die Bevölkerung – vergeblich – auf, sich gegen die „blutige Tyrannei" Hitlers zu erheben. Wenig später zerschlugen regimetreue Einheiten von Wehrmacht, Polizei und SS den Aufstand. Hauptmann Gerngroß entkam, mehrere seiner Mitverschwörer wurden am 29. April im Hof des ▷ **Zentralministeriums** an der Ludwigstraße hingerichtet. Am selben Tag ließ Gauleiter Paul Giesler in München den letzten Fliegeralarm ausgeben, dem keine Entwarnung mehr folgte. In einer Radioansprache forderte er die Bevölkerung abermals zum Kampf gegen die US-Armee auf, bevor er sich selbst auf die Flucht machte. In der Nähe von Berchtesgaden nahm er sich am 4. Mai das Leben.

Am 30. April 1945 marschierten gegen 16 Uhr die ersten US-Truppenverbände in München ein. In den Straßen der ausgebombten Stadt stießen sie kaum auf Widerstand. Einen Tag zuvor hatten die Amerikaner das ▷ **Konzentrationslager Dachau** befreit und dort rund 67.000 entkräftete Häftlinge sowie unzählige Leichen vorgefunden. In der bisherigen „Hauptstadt der Bewegung" wehte nun statt der Hakenkreuzflagge das amerikanische Sternenbanner am Rathausturm. Aus den Fenstern vieler Wohnhäuser wiederum flatterten weißblaue Fahnen, so als ob man den Besatzern mitteilen wollte, dass sie sich hier nicht in Deutschland, sondern in Bayern befänden. Weggeworfene NS-Ehrennadeln, Parteiabzeichen und Hitler-Porträts

München in Schutt und Asche, im Hintergrund die zerstörten Türme der Frauenkirche, April 1945

„Ich hatte mir's schlimm vorgestellt, aber es war noch schlimmer. München ist nicht mehr da. Das ganze Zentrum, vom Hauptbahnhof bis zum Odeonsplatz, besteht nur noch aus Trümmern. Ich konnte kaum den Weg zum Englischen Garten finden, so schauerlich entfremdet und entstellt waren die Straßen, in denen ich jedes Haus gekannt. War dies die Heimkehr? Alles fremd, fremd, fremd ...“
(Klaus Mann, 8. Mai 1945)

bedeckten die Straßen. Wer das München der Vorkriegszeit gekannt hatte, den musste der Anblick der Ruinenlandschaft erschüttern – so ging es etwa dem Schriftsteller Klaus Mann, der im Mai 1945 als Kriegsberichterstatter der US-Armee in seine Heimatstadt zurückkehrte.

Am 25. Juni verfügte die amerikanische Millitärverwaltung die Umbenennung von rund hundert Straßen, die nach NS-Größen benannt waren. So wurde aus dem Ritter-v.-Epp-Platz wieder der Promenadeplatz und aus der Hermann-Göring-Straße die Azaleenstraße.
Im August beschloss der neu gegründete Stadtrat den Wiederaufbau Münchens „in alter Form“.

Viele Menschen erlebten nicht mehr mit, wie die Metropole neu erstand. Rund 20.000 Bürger der Stadt waren als Soldaten gefallen, 10.000 blieben vermisst. Den Luftangriffen auf München waren 6.700 Menschen zum Opfer gefallen, 3.000 Münchener Juden waren im Holocaust ermordet worden.

Spuren des Krieges in München:
▷ Wunden der Erinnerung I, II, ▷ Münchner Stadtmuseum, ▷ Münchener Kriegerdenkmal, ▷ Wohnbauten „Neue Südstadt“, ▷ Hochbunker, ▷ Luitpoldpark

1 Hitler und Firmenchef Franz Josef Popp vor einem Flugmotor im BMW-Werk München

AUSSENBEZIRKE Hier befanden sich einige der wichtigsten Rüstungsbetriebe des „Dritten Reiches". Sie konnten bis 1942 nahezu ungehindert Kriegsmaterial liefern, da München zunächst außerhalb der Reichweite alliierter Bomber lag. Junkers und BMW produzierten Flugzeugmotoren, während Krauss-Maffei Panzerfahrzeuge und Lokomotiven herstellte. In Münchens Außenbezirken lagen zudem zentrale Stätten des NS-Verfolgungsapparates wie die beiden Sammellager für Juden und das Gefängnis Stadelheim, in dem – neben vielen anderen Regimegegnern – die Geschwister Scholl hingerichtet wurden.

1 BMW-Werk I

Eduard Herbert, Josef Höhne, Otho Orlando Kurz, 1935/1944 → Lerchenauer Str. 76, Karte D2 Ⓤ Olympiazentrum

Die Bayerischen Motorenwerke (BMW) entstanden 1913 als Flugmotorenfabrik. Zu ihrem später weltberühmten Markenzeichen wurden die rotierenden Propeller auf himmelblauem Grund. Wenige Tage vor Unterzeichnung des Versailler Vertrages, der die Produktion von Flugmotoren in Deutschland auf Jahre verbieten sollte, gelang BMW am 17. Juni 1919 eine erste Bestleistung. Mit einem Sechszylindermotor flog Testpilot Franz Zeno Diemer 9.760 Meter hoch und erzielte so den Höhenweltrekord.

Ab 1933 erhielt BMW vom Oberkommando des Heeres im Zuge der Kriegsvorbereitung getarnte Rüstungsaufträge. Das Stammwerk in Milbertshofen entwickelte sich auf diese Weise schnell zum größten Arbeitgeber Münchens. Bis 1943 wurde das Werk modernisiert, ausgebaut und stetig vergrößert. Dank diverser Konstruktions- und Verfahrensänderungen sowie der Einführung der Fließbandproduktion 1941 konnte man die Fertigungszahlen enorm steigern. Bis Kriegsende verließen rund 21.000 BMW-Motoren das Werk.

Nach dem deutschen Überfall auf die Sowjetunion forcierte man zudem die Herstellung des geländegängigen Wehrmachtsmotorrad-Gespanns R 75. Es war mit einem schweren Maschinengewehr für den Beifahrer ausgestattet und wurde in den Wüsten Nordafrikas ebenso eingesetzt wie auf den eisigen Pisten Russlands.

Mehrere tausend Zwangsarbeiter, die in einem Barackenlager untergebracht waren, mussten ihren Beitrag zum Wachstum des Konzerns leisten. Aus Gründen des Luftschutzes wurden die Fabrikhallen weitläufig über das Gelände verteilt und in eigenständige Produktionsbereiche gegliedert. Die Anlagen waren später ein bevorzugtes Ziel alliierter Bombardements. Im Oktober 1945 erging von der amerikanischen Militärregierung der Befehl, BMW zu demontieren. Ein Großteil des Werkes wurde tat-

Der deutsche „Jeep", die BMW R 75 (750 ccm) mit 7 Vorwärts-, 3 Rückwärtsgängen und Seitenwagenantrieb

sächlich abgebaut und als Reparationsgut verschifft.
Heute gilt BMW weltweit als einer der renommiertesten Automobilkonzerne.

2
BMW-Museum

⌂ Karl Schwanzer, 1972 → Petuelring 130, Karte D2 ⏲ Mo–So 10–20 Uhr (April–Oktober 10–22 Uhr) Ⓤ Olympiazentrum Neben dem Verwaltungsgebäude des BMW-Konzerns, das in der Form eines „Vierzylinders" errichtet wurde, steht der silbergrau gestrichene Rundbau des alten BMW-Museums. Voraussichtlich bis 2007 bleibt es wegen Umbauarbeiten geschlossen. Teile des Museums sind bis dahin in der „Weltkugel" am Parkdeck Olympiaturm zu sehen. Das „Neue BMW-Museum" wird mit einem Erweiterungsbau über eine Ausstellungsfläche von 4.000 Quadratmetern verfügen.

3
Heeresverpflegungshauptamt / Virginia-Depot

⌂ Heeresbauamt München, 1940 → Schleißheimer Str. 418, Karte D1 Ⓤ Am Hart Das Heeresverpflegungshauptamt diente als Nachschubzentrale der Wehrmacht für Südbayern. Seine Depotanlagen erstreckten sich auf einem weitläufigen Gelände im Anschluss an den Güterbahnhof Milbertshofen, über den alle An- und Abtransporte von Waffen und Ausrüstungsgegenständen liefen und der bis 1942 ständig erweitert wurde.
Viele der in der nahen ▷ **„Judensiedlung"** zusammengepferchten Menschen deportierte man von diesem Bahnhof aus in die Vernichtungslager.
Die Treibstofflager des Heeresverpflegungshauptamtes waren direkt neben den Bahnanlagen angesiedelt. Beiderseits der Schleißheimer Straße befanden sich Flachdepots für Fahrzeuge, Geräte und Waffen sowie Silos und Hochlager für Nahrungsmittel, Bekleidung und Handwaffen. Vom Logistikzentrum München-Milbertshofen aus gingen die Güter an andere Heeresverpflegungsämter in Bayern. Spezielle Nebenämter errichtete man oft in abgelegenen Orten entlang der Bahnlinie, um das Risiko von Bomben-

Die SS

Die Geschichte der SS begann im Mai 1923 im „Torbräu", einer Münchener Gastwirtschaft mit Kegelbahnbetrieb (Tal 41). Im Hinterzimmer saßen 22 Männer zusammen und schworen ihrem Führer **„Treue bis in den Tod"**. Es war die Geburtsstunde des „Stoßtrupps Hitler", der später in „Schutzstaffel" (SS) umbenannt wurde. Unter Heinrich Himmler, seit Januar 1929 „Reichsführer SS", stieg der Verband zur Eliteformation der NSDAP auf. Wer aufgenommen werden wollte, musste nicht nur gut prügeln können, sondern auch strenge „rassische" Kriterien erfüllen. Einen entscheidenden Machtzuwachs erfuhr die SS durch den „Röhm-Putsch" von 1934; im Auftrag Hitlers exekutierte sie die Ermordung des SA-Führungspersonals. Die SS übernahm die Leitung aller Konzentrationslager, für deren Bewachung sie so genannte „Totenkopfverbände" aufstellte. Mit der „Verfügungstruppe" besaß sie zudem einen kasernierten Kampfverband. Aus ihm ging später die Waffen-SS hervor, der 1944 rund 600.000 Mann angehörten. Nachdem Himmler 1936 auch Chef der Deutschen Polizei geworden war, konnte er die zur Partei gehörende SS weitgehend mit dem staatlichen Verfolgungsapparat verschmelzen.
Auf diese Weise wurde sein „Schwarzer Orden" zum zentralen Instrument der gegen Juden und Regimegegner gerichteten NS-Vernichtungspolitik.

schäden so gering wie möglich zu halten. Nach dem Krieg diente der Komplex der US-Armee als „Virginia-Depot" und „Alabama-Depot". Heute ist hier unter anderem das BMW Forschungs- und Ingenieurzentrum (FIZ) angesiedelt.

4
„Judensiedlung"

⌂ 1941 → Knorrstr. 148, Karte D1 Ⓤ Am Hart Im Zuge einer ersten Ghettoisierung wurden 1939 alle in München lebenden Juden aufgefordert, ihre Wohnungen zu räumen und in so genannte Judenhäuser zu ziehen. Ihre Wohnungen wurden u.a. an besonders „verdiente Volksgenossen" vergeben; nicht zuletzt, um der Wohnraumknappheit zu begegnen. Im März 1941 ließ die ▷ **„Arisierungsstelle"** dann an der Knorrstraße in Milbertshofen ein Sammellager für 1.100 Personen errichten.
Die „Judensiedlung", die erste derartige Anlage in Deutschland überhaupt, diente als Auffang-, Kontroll- und Durchgangslager für Juden aus München und Oberbayern. Sie bestand aus 18 Holzbaracken, die von den aus ihren Wohnungen vertriebenen Menschen selbst aufgebaut werden mussten. Der erste „Evakuierungs"-Transport verließ München am 20. November 1941. Betroffen waren ältere Juden aus dem Lager Milbertshofen und Kinder aus dem ▷ **Antonienheim**. Der Zug mit 971 Juden fuhr bei Nacht in Milbertshofen ab. Sie wurden über den Münchener Hauptbahnhof nach Kaunas in Litauen transportiert, wo die SS sie fünf Tage nach ihrer Ankunft ermordete. Nach weiteren Deportationen lebten im August 1942 nur noch 16 Menschen im Lager Milbertshofen. Die Baracken übernahm nun die Firma BMW, die hier eines ihrer zahlreichen Zwangsarbeiterlager einrichtete. Nach dem Krieg diente die Anlage dem Roten Kreuz zur Unterbringung von Flüchtlingen. Heute wird das Areal gewerblich genutzt.

5
Unterkunft der SS-Standarten „Deutschland" und „Der Führer"/ Sanitätsakademie der Bundeswehr

⌂ Oswald Eduard Bieber, Theo Lechner, Karl Moßner, Karl-Heinz Tischler, 1938 → Ingolstädter Str. Ecke Neuherbergerstr., Karte D1 Ⓤ Harthof Die Unterkunft der beiden SS-Standarten „Deutschland" und „Der Führer" wurde zwischen 1934 und 1938 an der nördlichen Stadteinfahrt Münchens angelegt. Das festungsartige Ensemble mit dem vorgelagerten Turmbau sollte die beherrschende Rolle der SS in der „Hauptstadt der Bewegung" signalisieren. Von der Wehrmacht unterschied sich die SS als Parteiorganisation nicht nur durch ihre schwarzen Uniformen und das Totenkopfemblem, sondern auch in terminologischen Fragen und architektonischen Vorlieben. So hieß etwa das Regiment bei der SS „Standarte", die Kaserne „Unterkunft" und der Offizier „Führer". Der Gebäudekomplex wiederum wurde nicht, wie bei der Wehrmacht

5 Unterkunft der SS-Standarte „Deutschland" und „Der Führer" um 1939

10 Abfertigungshalle des ehemaligen Flughafens München-Riem

10 Tower des Flughafens München-Riem

10 Modell des Flughafens München-Riem, 1939

8 Hochbunker am US-Internierungslager

üblich, als Ziegelbau, sondern in Betonskelettbauweise errichtet. Durch ein eigenes Kraftwerk war er unabhängig von externer Energieversorgung.
Als Teil der 2. SS-Panzer-Division „Das Reich" kamen die Standarten „Deutschland" und „Der Führer" in ganz Europa, vor allem aber an der Ostfront und in Frankreich zum Einsatz. Im französischen Oradour-sur-Glane verübten Teile der Division am 10. Juni 1944 ein grausames Kriegsverbrechen. Als Vergeltung für einen Angriff der Résistance wurden 642 Menschen ermordet, die meisten davon Frauen und Kinder. Anschließend brannten die SS-Soldaten alle Häuser des Ortes nieder. Die Ruinen von Oradour-sur-Glane sind als Mahnmal erhalten. Das Gebäudeensemble der früheren Münchener SS-Kaserne wird heute von der Sanitätsakademie der Bundeswehr genutzt.

6
Reichsbahn-Ausbesserungswerk (RAW)

⌂ Reichsbahnbaudirektion München, 1942 → Heidemannstraße, Lilienthalallee 35 Karte E1 Ⓤ Freimann Seit 1927 wurden die Bahnanlagen im Bereich des Münchener Hauptbahnhofes modernisiert und teilweise ausgelagert. Die „Reichsbahn-Centralwerkstätte" verlegte man in den Norden der Stadt, in ein ehemaliges Geschützwerk von Krupp in Freimann. Ab 1935 entstanden auf dem Gelände verschiedene Werks- und Maschinenhallen, in denen nicht nur Lokomotivtender hergestellt sowie Loks und Güterwagen gewartet, sondern auch Geschütze produziert werden sollten. Während des Krieges waren in dem so genannten Ausbesserungswerk, das als nationalsozialistischer Musterbetrieb galt, zahlreiche Zwangsarbeiter aus Osteuropa in der Kriegsgüterfertigung eingesetzt. Wahrscheinlich beließ man es zu Tarnzwecken bei der bisherigen Bezeichnung RAW. Obwohl Luftangriffe große Schäden auf dem gesamten Areal verursachten, konnte die Produktion bis in den Winter 1944 fortgesetzt werden. Nach dem Krieg nutzte die Deutsche Bundesbahn lange Zeit die Anlagen. Heute stehen die denkmalgeschützten Hallen weitgehend leer.

7
Luitpoldpark

⌂ 1945 → Luitpoldpark, Karte D2 Ⓤ Scheidplatz Angesichts der zahlreichen „Altbauten" in Münchens Innenstadt könnte man vermuten, dass die Stadt vom Bombenkrieg weitgehend verschont geblieben sei. Tatsächlich besteht das Zentrum zum großen Teil aus Nachbauten oder Neubauten mit originalen Fassaden. Die alte Bausubstanz hingegen lag 1945 zum großen Teil in Trümmern. Durch die Aufräumarbeiten entstanden wahre Schuttberge im ansonsten flachen Stadtgebiet. Eine dieser künstlichen Erhebungen findet man im Luitpoldpark. Unter einer dünnen Grasnarbe liegen hier rund eine Million Kubikmeter Bombenschutt. An höchster Stelle steht ein Kreuz mit der Inschrift: **„Betet und gedenkt all der unter den Bergen von Trümmern Verstorbenen."**

8
Internierungslager der US-Armee / Nordfriedhof

⌂ 1945 → Ungererstr. Ecke Crailsheimstr., Karte E2 Ⓤ Alte Heide Auf dem Gelände des heutigen Nordfriedhofs umzäunte die US-Armee im Mai 1945 ein 150 mal 150 Meter großes Areal mit Stacheldraht. Innerhalb der Begrenzung wurden fünf Baracken errichtet.
So entstand ein Internierungs- und Arbeitslager für 114 hochrangige NS-Funktionäre, die ihren Spruchkammerverfahren entgegensahen oder schon abgeurteilt waren. Unter den Häftlingen befanden sich Hitlers Leibfotograf Heinrich Hoffmann, der ehemalige Oberbürgermeister der „Hauptstadt der Bewegung", Karl Fiehler, sowie der Münchener NSDAP-Kreisleiter Karl Lederer.
Die Internierten mussten hier auf manche Annehmlichkeiten ihres bisherigen Lebens verzichten, blieben aber von größeren Härten verschont. In den geräumigen Baracken konnten sie sich wohnlich einrichten, und am Ende jedes Arbeitstages wartete eine warme Dusche. Darüber hinaus gab es Zeitungen, Radio und Telefon. Sonntags war Besuch von Freunden und Verwandten zugelassen.
Ende 1948 war die Entnazifizierung beendet und das Lager wurde aufgelöst.

9 Antonienheim

⌂ 1926 → Antonienstr. 7, Karte D2 Ⓤ Dietlindenstraße Im Antonienheim fanden verwaiste oder sozial gefährdete jüdische Kinder Aufnahme. Seit 1926 waren Kinderheim und Internat im Anwesen Antonienstraße 7 untergebracht, das der „Israelitischen Jugendhilfe" gehörte. Nach 1933 nahm die Einrichtung in wachsendem Maße auch Kinder verfolgter Juden auf. Während ähnliche jüdische Einrichtungen bald geschlossen wurden, blieb das Antonienheim bis 1942 geöffnet. Allerdings wurden schon im November 1941 Kinder aus dem Heim zusammen mit ihren Erzieherinnen nach Kaunas (Litauen) deportiert. 1942 waren nur noch 13 Kinder übrig. Sie kamen mit ihren beiden Betreuerinnen zunächst in die ▷ **„Heimanlage für Juden"** in Berg am Laim, wenig später wurden sie nach Auschwitz deportiert und dort ermordet.

Focke-Wulf 190 der „Papagei-Staffel"

10 Flughafen München-Riem / Neue Messe München

⌂ Ernst Sagebiel, 1939, Bystrup, Bregenhøj & Partner, 1998 → Riemer Str. 384, Karte F3 Ⓤ Messestadt-West 1936 befahl Reichsluftfahrtminister Hermann Göring den Bau von neuen Großflughäfen für Berlin, Stuttgart, Wien und München. Sämtliche Planungen übertrug er dem Büro des Architekten Ernst Sagebiel in Berlin. Mit dem „Weltflughafen Tempelhof" etwa entstand eines der bis heute größten Gebäude Europas. Ähnliche Ausmaße sollte auch der neue Flughafen in München-Riem annehmen, der die fast 30 Jahre alte Anlage in Oberwiesenfeld ersetzte. Entlang eines weitläufigen ovalen Rollfeldes erstreckten sich die Flughafengebäude in leichter Krümmung auf einer Länge von 1,7 Kilometern. Im Zentrum des Hauptgebäudes befand sich die 13 Meter hohe Eingangs- und Abfertigungshalle. Für Flugschauen wurden am Rollfeld Tribünen mit einer Länge von 850 Metern errichtet, die bis zu 100.000 Zuschauern Platz boten und den Flughafen in ein „Stadion der Luftfahrt" verwandelten.

Im April 1945 wurde in München-Riem unter dem Kommando von Generalleutnant Adolf Galland der Jagdverband 44 aufgestellt. Ihm gehörten zahlreiche von Hitlers Flieger-Assen an. Die Einheit, die feindliche Bomberverbände bekämpfen sollte, war mit den neuartigen Strahljägern Me 262 ausgerüstet. Die Düsenjäger waren während der Start- und Landephase äußerst träge und verwundbar, weshalb sie rund um das Flugfeld von der so genannten **„Papagei-Staffel"** geschützt wurden. Deren Maschinen vom Typ Focke-Wulf 190 „Dora" hatten an der Unterseite einen auffälligen Signalanstrich mit roten und weißen Streifen, um von der deutschen Flak erkannt zu werden.

Durch alliierte Bombenangriffe waren nach Kriegsende 70 Prozent des Flughafen in München-Riem zerstört. Ab 1948 erfolgte der Wiederaufbau. 1992 wurde der neue Franz-Josef-Strauß-Flughafen in Erding eröffnet, der Betrieb in Riem daraufhin eingestellt. Auf dem Gelände entstand bis 1998 die Neue Messe München. Bis auf den denkmalgeschützten Tower und die Abfertigungshalle mit dem „Wappensaal" wurden alle Gebäude des alten Flughafens abgerissen.

11
Galopprennbahn Riem

⌂ Franz Defregger, 1938 → Graf-Lehndorff-Str. 36, Karte F3 Ⓢ Riem

Für die bestehende Galopprennbahn in Riem entwickelte man großzügige Umbauplanungen. Dem Drängen von SS-Brigadeführer Christian Weber war es zu verdanken, dass auf dem Gelände des Rennplatzes außerdem eine Reithalle für die SS errichtet wurde. Weber fungierte nicht nur als Münchener Ratsherr, sondern auch als Präsident des Wirtschaftsbundes Deutscher Reitstallbesitzer und Vollblutzüchter. Ab 1934 organisierte er das **„Braune Band von Deutschland"**, das mit 100.000 Reichsmark höchstdotierte deutsche Pferderennen. Er prahlte damit, Riem zu einem deutschen Ascot gemacht zu haben, wobei er gerne hinzufügte, dass man in München mehr Spaß haben könne. Für den sorgte unter anderem die **„Nacht der Amazonen"**, ein öffentliches Spektakel, das Weber von 1936 bis 1939 zum Abschluss des Renntages im Schlosspark Nymphenburg veranstalten ließ. Halbnackte junge Frauen traten als mythische Kämpferinnen auf, ausgerüstet mit Lanzen, Helmen und Schwertern.

In separaten Logen konnten Weber und seine Ehrengäste nähere Bekanntschaft mit den „Amazonen" machen.

12
Autobahn München–Salzburg

⌂ Sager & Woerner, 1934 → Rosenheimer-, Chiemgaustr., Karte E4 Ⓤ Karl-Preis-Platz **„Deutsche Arbeiter, fanget an!"** Mit diesen Worten gab Adolf Hitler am 21. März 1934 südlich von Ramersdorf den Startschuss für den Bau einer Autobahn, die von München bis zur österreichischen Landesgrenze bei Salzburg führen sollte. Mit der Ausführung beauftragte der Generalinspektor für das deutsche Straßenwesen, Fritz Todt, seinen ehemaligen Arbeitgeber, das ▷ **Bauunternehmen Sager & Woerner**. Anfänglich beschäftigte der Betrieb 2.700 Mann für den Bau der neuartigen Schnellstraße, im Dezember 1934 waren es bereits 11.750. Insgesamt hat der Autobahnbau allerdings sehr viel weniger zur Überwindung der Arbeitslosigkeit beigetragen als von der NS-Propa-

Die Autobahn

„AUF DER AUTOBAHN FLIEGT MAN! Auf einer Reichsautobahnfahrt hat man das eigenartige Gefühl, durch die Landschaft zu FLIEGEN.
Bisher mußten Autofahrer ständig auf scharfe Biegungen, Querverkehr und Wohngegenden achten. (...) Auf der Autobahn fährt man in herrlicher Sicherheit, immerfort geradeaus oder in schwungvollen Kurven – vor sich immer FREIE BAHN!
So kommt einem die Fahrt auf dieser ersten endlos freien Fahrtstrecke wie das Fliegen vor. Und in der Tat kommt man auch dementsprechend vorwärts. Eine ständige Geschwindigkeit von 150 Stundenkilometern kann eingehalten werden. Und das grenzt schon an Flugzeuggeschwindigkeit!
Für dieses Flugtempo müssen allerdings neuartige Maschinen gebaut werden. Die Autobahn erzwingt also eine Revolution der deutschen Autoindustrie. Gestern führte Amerika im Kraftwesen. Heute Deutschland! AUTOBAHN HEISST FREIE BAHN!" (Aus einem Werbeprospekt der Reichsautobahn von 1937)

Entwürfe für ein deutschlandweites Netz neuartiger Schnellstraßen gab es schon seit Mitte der zwanziger Jahre. Nach 1933 griff das NS-Regime auf diese Pläne zurück und verkaufte die Reichsautobahnen geschickt als eigene Erfindung zur Schaffung von Arbeitsplätzen. Im Autobahnbau fanden 1936 etwa 125.000 Menschen Beschäftigung. Rund 3.300 Kilometer Trasse konnten bis Kriegsbeginn fertig gestellt werden. Trotzdem blieb im Krieg die Eisenbahn das wichtigste Transportsystem der Wehrmacht.

10 Wappensaal in der Abfertigungshalle des Flughafens München-Riem

14 Siedlung Ramersdorf

17 Grabkreuz von Sophie Scholl

11 „Pferdebändiger“ von Matthias Gasteiger, 1937

17 Grabkreuze von Hans und Sophie Scholl

ganda behauptet. Die neuen Überlandstraßen sollten nicht nur dem Individualverkehr dienen, ihnen kam auch eine strategische Bedeutung zu. Die Trasse München–Salzburg etwa wurde später beim „Anschluss" Österreichs und bei der Annexion des Sudetenlandes von der Wehrmacht als Truppentransport- und Nachschubweg genutzt. In Ramersdorf mündete die neue Autobahn direkt in die Rosenheimer Straße, die den Verkehrsfluss noch heute in die Innenstadt leitet.

13
Dynamit AG Zünderfabrik

⌂ Fritz Norkauer, 1941 → Rosenheimer Str. Ecke Anzinger Str., Karte E3 Ⓤ Karl-Preis-Platz 1941 zog die Firma „Dynamit AG", vormals „Alfred Nobel & Co.", als einzige Mieterin in einen neuen Gewerbehof an der Rosenheimer Straße ein. Die Firma war 1865 als von dem schwedischen Chemiker Alfred Nobel, dem späteren Stifter des Nobelpreises, bei Hamburg gegründet worden. In dem Münchener Werk, das zur Tarnung „Rosen-Werk" hieß, wurden bis Kriegsende monatlich rund 100.000 Sprengstoffzünder für die Wehrmacht hergestellt, auch von Zwangsarbeitern und Kriegsgefangenen. Eines der vielen Zwangsarbeiterlager, die es in München gab, war in dem Industrieblock untergebracht. In den Seitenarmen des Fabrikgebäudes befanden sich Luftschutzhochbunker.

14
Siedlung Ramersdorf

⌂ Guido Harbers, 1934 → Chiemgau-, Wilram-, Hohenaschauer-, Rosenheimer Str., Karte E3 Ⓤ Karl-Preis-Platz
Die Siedlung Ramersdorf war die erste nationalsozialistische „Mustersiedlung" im Deutschen Reich. Unter Leitung des Münchener Wohnbaureferenten und NSDAP-Mitglieds Guido Harbers beteiligten sich mehr als 20 Architekten an dem Großprojekt. Eröffnet wurde die aus 192 Häusern bestehende Anlage 1934 in Zusammenhang mit der „Deutschen Siedlungsausstellung" in München. Harbers scheiterte allerdings mit seinem Bestreben, die Siedlung Ramersdorf zum reichsweiten Modell für künftige Wohnformen deutscher „Volksgenossen" zu machen. Zum einen waren die Bauten sehr viel teurer als geplant, zum anderen erfüllten sie nicht die offiziellen Kriterien der Reichskleinsiedlung.
Die Einfamilienhäuser sind erhalten und stehen heute unter Denkmalschutz.

15
„Heimanlage für Juden"

⌂ 1941 → Clemens-August-Str. 6, Karte E3 Ⓤ Josephsburg Die Verfolgung der Juden, die mit dem reichsweiten Novemberpogrom von 1938 einen ersten Höhepunkt erreicht hatte, radikalisierte sich nach Kriegsbeginn weiter. Ab 1939 wurde in München die Vertreibung jüdischer Mieter aus ihren Wohnungen forciert. Gleichzeitig betrieb das NS-Regime die Ächtung von Juden im öffentlichen Raum. Sie durften unter anderem keine Straßenbahnen oder Busse mehr benutzen, nur zu bestimmten Zeiten einkaufen sowie öffentliche Parkanlagen nicht mehr betreten – in München betraf dies etwa den Englischen Garten oder den Schlosspark Nymphenburg. Im September 1941 verfügte zudem eine reichsweit gültige Anordnung, die auch von den Behörden in Bayern umgesetzt wurde, dass als jüdisch definierte Menschen so genannte Judensterne zu tragen hatten.

Die Ghettoisierung der Münchner Juden hatte zu diesem Zeitpunkt schon begonnen. Neben der ▷ **„Judensiedlung"** an der Knorrstraße in Milbertshofen wurde im Sommer 1941 eine zweite Sammelunterkunft im Kloster der Barmherzigen Schwestern in Berg am Laim eingerichtet. In dieser so genannten „Heimanlage" brachte man mehrere hundert Juden unter, bevor sie deportiert wurden.
Bis Februar 1945 gab es aus München 43 Transporte in Konzentrations- und Vernichtungslager. Fast alle der etwa 3.000 verschleppten Menschen wurden ermordet. Von den rund 19.000 Juden, die 1933 in der Stadt gelebt hatten, waren bei Kriegsende noch 84 am Leben. Anders als in Berlin hatte es hier kaum jemand geschafft, unterzutauchen und in Verstecken die NS-Herrschaft zu überleben.

Die Reichszeugmeisterei

1925 führte Hitler als erstes Uniformteil der NSDAP das „Braunhemd" für die SA ein. Es stammte aus billig aufgekauften Beständen der aufgelösten deutschen Kolonialverwaltung und wurde erstmals auf dem Weimarer Reichsparteitag 1926 getragen.
Fortan durften alle Ausrüstungsgegenstände für die Partei nur noch über die neu eingerichteten SA-Wirtschaftsstellen in München bezogen werden. Aus ihnen ging die Reichszeugmeisterei (RZM) als zentrale Beschaffungsstelle der NSDAP hervor.
Die RZM vergab Lizenzen an Händler und Fabrikanten, zudem normierte sie Gestaltung, Herstellung und Qualität der Textilien. In jedes Kleidungsstück oder Uniformteil wurde das „Schutzzeichen der Reichszeugmeisterei der NSDAP" eingenäht, aufgestempelt oder eingeprägt.

Bis Mitte 1934 waren reichsweit 15.000 Betriebe und 75.000 Schneidermeister mit einem Berechtigungsschein ausgestattet. Einer dieser Betriebe war die Kleiderfabrik von Hugo Boss in Metzingen. Geschäftsanzeigen warben mit dem imageträchtigen Auftraggeber: **„Lieferfirma für NSDAP-Uniformen seit 1924"**.
Boss ließ im Großauftrag Bekleidung für SS, SA und Hitler-Jugend schneidern, während des Krieges auch unter Einsatz von Zwangsarbeitern und Kriegsgefangenen. In mancher schwarzen SS-Uniform stand so das Firmensignet **„BOSS"** neben den aufgestempelten SS-Runen und dem Schutzzeichen der Reichszeugmeisterei.

16
Gefängnis Stadelheim/Justizvollzugsanstalt Stadelheim

→ Stadelheimer Str. 12, Karte D4

Ⓤ Mangfallplatz Das Gefängnis München-Stadelheim war während der NS-Zeit die zentrale Hinrichtungsstätte für den südlichen Teil des Deutschen Reiches. Insgesamt wurden zwischen 1933 und 1945 von Militärgerichten 25.000, von Zivilgerichten 16.000 Menschen zum Tode verurteilt. In Stadelheim starben etwa 1.200 von ihnen.

Am 30. Juni 1934 wurden hier im Zuge des „Röhm-Putsches" mehrere festgenommene SA-Führer von einem SS-Kommando unter Befehl von Sepp Dietrich ermordet. SA-Chef Ernst Röhm überließ man es, sich „ehrenhaft" selbst umzubringen, und legte ihm einen geladenen Revolver in die Zelle. Als Röhm die Selbsttötung verweigerte, wurde er von Theodor Eicke, dem Kommandanten des ▷ **KZ Dachau**, persönlich erschossen.

Unter den unzähligen in Stadelheim Hingerichteten befanden sich auch die Mitglieder der Widerstandsgruppe ▷ **„Die Weiße Rose"**. Die Geschwister Sophie und Hans Scholl sowie Christoph Probst starben hier im Februar 1943, Alexander Schmorell und Kurt Huber im Juli, Willi Graf im Oktober des Jahres. Hans Leipelt, ein Student aus Hamburg, der nach Zerschlagung der Gruppe deren letztes Flugblatt mit dem Zusatz **„Ihr Geist lebt weiter"** verbreitet hatte, wurde Ende Januar 1945 in Stadelheim gehenkt.
Vollzogen wurden die Todesurteile mit dem Fallbeil oder dem Strick. Als Scharfrichter fungierte Johann Reichart – ein fanatischer Nazi, der vollauf hinter seinem Tun stand und überdies auch materiell davon profitierte. Durch Sonderprämien für jede Hinrichtung konnte er sein reguläres Jahresgehalt von 3.000 Reichsmark auf durchschnittlich 43.000 Reichsmark erhöhen.
Stadelheim blieb über das Ende der NS-Herrschaft hinaus Gefängnisort. Im Hof der heutigen Justizvollzugsanstalt erinnert eine Gedenkstätte an die hier ermordeten Opfer des Nationalsozialismus.

17
Friedhof am Perlacher Forst

⌂ Fritz Beblo, Hermann Leitenstorfer, 1931 → Stadelheimer Str. 24, Karte E4 ⏲ Mo–So 8–17 Uhr (April bis August 8–19 Uhr) Ⓤ Mangfallplatz Zahlreiche Menschen, die während der NS-Zeit im ▷ **Gefängnis Stadelheim** hingerichtet wurden, liegen auf dem unmittelbar benachbarten Friedhof am Perlacher Forst begraben. Unter anderem fanden hier Hans und Sophie Scholl, Christoph Probst, Alexander Schmorell und Hans Leipelt von der Widerstandsgruppe ▷ **„Weiße Rose"** ihre letzte Ruhestätte.
Über eine Pappelallee gelangt man zum so genannten KZ-Ehrenhain I. Er ist den 3.996 KZ-Opfern gewidmet, deren Leichen im Krematorium des Ostfriedhofs verbrannt wurden. Im KZ-Ehrenhain II befinden sich die sterblichen Überreste von 94 Menschen, die im Gefängnis Stadelheim ihr Leben ließen.
Eine weitere Grabanlage für „Displaced Persons" ist 1.122 verstorbenen Zwangsarbeitern aus zwölf Nationen gewidmet.

Auf diesem Friedhof liegt allerdings auch ein prominenter Protagonist des NS-Regimes begraben: der 1966 verstorbene Felix Steiner, ehemals Kommandeur der 5. SS-Panzergrenadierdivision „Wiking", der Freiwillige aus ganz Europa angehörten. In der Nachkriegszeit machte sich Steiner für eine „Ehrenrettung" der Waffen-SS stark und setzte sich unter anderem für ihre rechtliche Gleichstellung mit der Wehrmacht ein.

18
Reichszeugmeisterei der NSDAP/ Polizei München

⌂ Paul Hofer, Karl Johann Fischer, 1938, 1941 → Tegernseer Landstr. 210, Karte D4 Ⓤ St.-Quirin-Platz Für die ▷ **Reichszeugmeisterei der NSDAP** entstand zwischen 1935 und 1938 ein monumentales Gebäude. Mit einer Grundfläche von 110 mal 85 Metern und einem umbauten Raum von 130.000 Kubikmetern war der vierstöckige Komplex einer der größten Stahlskelettbauten, die während des „Dritten Reiches" errichtet wurden. Neben dem Hauptgebäude gab es mehrere Wirtschaftshöfe. Sie beherbergten die parteieigenen Fahrzeuge sowie den „Reichsautozug Deutschland" und den „Hilfszug Bayern", die bei Massenveranstaltungen wie dem Nürnberger „Reichsparteitag" eingesetzt wurden. Nach Kriegsbeginn entstanden eine 185 Meter lange Großgarage für 40 LKWs, Reparaturwerkstätten und eine eigene Tankstelle. Hinzu kamen Luftschutzbunker, Wirtschafts- und Lagerräume, Lehrsäle, eine Bibliothek und ein Wohnhaustrakt für Angestellte.
Noch heute sind über dem Eingangsportal die Umrisse eines steinernen Reichsadlers mit Hakenkreuz zu erkennen. Auf beiden Seiten der Tegernseer Landstraße haben zudem über den Hauseingängen Reliefs mit Szenen „deutschen Schaffens" aus Militär, Handwerk und Landwirtschaft die Zeit überdauert. Bis 1992 war in dem Komplex die McGraw-Kaserne der US-Armee untergebracht. Heute wird die Anlage von verschiedenen Polizeidienststellen genutzt.

18 Tankstelle in der Reichszeugmeisterei

18 Reichszeugmeisterei, 1942

19 Portal des „Camera Werks“

16 Mauer der Justitzvollzugsanstalt Stadelheim

17 KZ Ehrenhain I

20 „Hakenkreuzsiedlung“

22 Emblem der PMA auf einem Porzellanteller

19
IG Farben Zünderfabrik, „Camera-Werk"/Agfa-Gevaert AG

⌂ Franz-Xaver Stadler, Josef Stadler, 1944 → Tegernseer Landstr. 161, Karte D4 Ⓤ Wettersteinplatz Das „Camera-Werk" stellte nicht etwa Fotoapparate her, seinen Namen hatte es lediglich zu Tarnzwecken erhalten. Tatsächlich produzierte die IG Farben hier im Auftrag der Wehrmacht optische Zielgeräte für die Luftwaffe und mechanische Zünder, die unter anderem in Sprengbomben zum Einsatz kamen. In diesem Werk betätigte sich seit März 1933 eine Widerstandsgruppe aus Giesinger Kommunisten. Einer von ihnen, Max Troll, hatte sich von der Gestapo anwerben lassen und lieferte unter dem Decknamen „Theo" Informationen über den kommunistischen Untergrund. 1935 schlug die Gestapo zu, verhaftete viele Widerstandsaktivisten und zerschlug unter anderem die Gruppe im „Camera-Werk". Heute wird das Gelände von der Agfa-Gevaert AG genutzt.

20
„Hakenkreuzsiedlung"

⌂ Hanns Conradi, 1934 → Hanfstaenglstr. 16, Karte C2 Ⓤ Westfriedhof
Im Jahr 1934 entstand in München-Gern ein heute noch erhaltener Gebäudekomplex der Art „Vierspänner Typ C". Die vier zusammenhängenden Wohneinheiten bildeten im Grundriss die Form eines Hakenkreuzes. Für diese Anordnung sprachen laut Architekt sachliche Erwägungen – dadurch sollten das Gelände besser genutzt, die Wärmetechnik optimiert und die Baukosten gesenkt werden. Einen ähnlich linientreuen Bauentwurf hatte man zuvor schon mit dem „Hakenkreuzhaus" in der Münchener Donaustraße ausgeführt.

21
Wohnhaus Reinhard Heydrich, Sicherheitsdienst der SS

→ Zuccalistr. 31, Karte B2 Ⓢ Laim
1931 gründete Heinrich Himmler in München einen SS-eigenen Nachrichtendienst, der sowohl gegnerische Parteien und Organisationen als auch Opposition innerhalb der NSDAP überwachen sollte. Zum Leiter der neuen Spitzelabteilung, die nach militärischem Vorbild ursprünglich „I c-Dienst" hieß, bald aber in „Sicherheitsdienst" (SD) umbenannt wurde, bestellte Himmler den 27-jährigen Reinhard Heydrich.
Als Büro dienten zunächst zwei Zimmer zur Untermiete bei der Witwe Viktoria Edrich in der Türkenstraße 23. Nachdem Heydrich Ende 1931 geheiratet hatte, bezog er im folgenden Jahr mit seiner Frau ein nobles Quartier in der Zuccalistraße, in unmittelbarer Nachbarschaft von Schloss Nymphenburg. Hier hatte nun auch der Nachrichtendienst seinen Sitz. Wegen des bestehenden SA-Verbots (die SS war noch Teil der SA) wurde er als Presse- und Informationsdienst des Reichstagsabgeordneten Himmler getarnt. Heydrichs Frau Lina schrieb dazu:
„Das Haus gibt uns bei unerwarteten Besuchern die Möglichkeit, alles Belastende verschwinden zu lassen. Unser Hund warnt uns rechtzeitig."

Heydrich arbeitete wie ein Besessener. Er reiste durch das ganze Reich, um geeignete Mitarbeiter anzuwerben, und baute seine „Gegnerkartei" stetig aus. Mit dem SD wollte Heydrich eine geistige Elite für die SS schaffen; mit Vorliebe stellte er junge Akademiker, Beamte und Geschäftsleute ein. Er schwärmte vom britischen Secret Service und ließ sich wie dessen „Chief" mit „C" anreden. Später wurde der SD Teil des Reichssicherheitshauptamtes (RSHA), als dessen Chef Heydrich den Völkermord an den Juden organisierte.

22
Porzellan-Manufaktur Allach (PMA)

⌂ 1936 → Reinhard-von-Frank-Str. 8, Karte B1 Ⓢ Allach „Führerbüsten" und Julleuchter, Miniaturen von SS-Reitern und röhrenden Hirschen, Göring-Köpfe und Dackelfiguren – Nazi-Nippes wie diesen fertigte die Porzellan-Manufaktur Allach (PMA), ein Wirtschaftsunternehmen der SS und eines von Himmlers heimlichen Lieblingsobjekten. Der „Reichsführer" gründete die Manufaktur 1936 mit Hilfe von Strohmännern. Die PMA sollte nach Himmlers Vorstellungen in der Tradition fürstlicher Gründungen stehen und rein künstlerischen Zwecken dienen.

Fritz Todt 1891–1942

Der Ingenieur Fritz Todt trat schon 1922 der NSDAP bei. Beschäftigt war er bei dem Münchner ▷ **Bauunternehmen Sager & Woerner**.
Ab 1930 wirkte er zudem als Fachberater für die NSDAP im Stab von Rudolf Heß und widmete sich der Weiterentwicklung bestehender Pläne zum Bau eines Autobahnnetzes.
Von Hitler 1933 zum „Generalinspektor für das deutsche Straßenwesen" ernannt, wurde Todt zum Schöpfer der Reichsautobahnen.
Für die Errichtung militärischer Anlagen wurde 1938 die **„Organisation Todt" (OT)** gegründet. Das erste Großprojekt der OT war der „Westwall" an der Grenze zu Frankreich, für den zeitweise bis zu eine halbe Million Arbeitskräfte eingesetzt wurden. Während des Krieges zog die OT immer mehr Zwangsarbeiter für Bauvorhaben und Instandsetzungen heran. 1942 begannen die Arbeiten am „Atlantikwall", der sich von den Niederlanden bis zur spanischen Grenze erstrecken sollte.

Ab 1940 war Todt als Reichsminister für Bewaffnung und Munition auch für die gesamte Kriegswirtschaft zuständig. Nachdem der Vormarsch der Wehrmacht in der Sowjetunion 1941 ins Stocken geraten war, bekundete er Hitler gegenüber mehrfach offen Zweifel, dass Deutschland den Krieg noch gewinnen könne. Am 8. Februar 1942 kam Todt bei einem Flugzeugabsturz, dessen Ursache nie geklärt wurde, ums Leben. Sein Nachfolger wurde Albert Speer.

Zunächst produzierte man nur in Allach. Im Zuge einer raschen Expansion wurde jedoch 1937 ein Teil der Fertigung auf das Gelände des ▷ **Konzentrationslagers Dachau** verlegt. Schließlich siedelte die gesamte Porzellanherstellung dorthin um. Bis zu 60 KZ-Häftlinge waren bei der Produktion eingesetzt. Himmler beschenkte SS-Führer und andere Würdenträger mit den Erzeugnissen der PMA, diese waren außerdem auch käuflich zu erwerben. Zu den gefragtesten Artikeln zählten Tierporzellane, etwa Schäferhund-Figuren.

23
Krauss-Maffei Lokomotiv- und Panzerfabrik / Krauss-Maffei Wegmann

⌂ Eduard Schmucker, Karl Kergl, 1942
→ Krauss-Maffei-Str. 2, Karte B1
Ⓢ Allach Schon 1927 wurden von den traditionellen Lokomotivherstellern Krauss und Maffei, damals noch getrennten Firmen, Militärfahrzeuge entwickelt. 1933 eröffnete die Krauss-Maffei AG eine neue, zentrale Produktionsstätte in München-Allach – auch deshalb, weil man sich von der NS-Regierung lukrative Aufträge erhoffte. Tatsächlich entwickelte sich Krauss-Maffei, von der „Deutschen Arbeitsfront" mehrfach als „Musterbetrieb" ausgezeichnet, zum größten Münchener Rüstungsunternehmen.

Im März 1935, zeitgleich mit der Einführung der allgemeinen Wehrpflicht, ging der erste Großauftrag der Wehrmacht ein. Er beinhaltete die Herstellung geländegängiger Halbkettenfahrzeuge, die vorwiegend mit Maybach-Motoren ausgestattet wurden. Bis Kriegsende sollten über 6.000 Stück davon geliefert werden, die letzten 30 Stück erhielt im Herbst 1945 die britische Armee.
Von militärischer Bedeutung war auch der Bau von Lokomotiven. Sie wurden für Truppen- und Nachschubtransporte benötigt. In die Panzerproduktion stieg Krauss-Maffei ein, als das Heereswaffenamt 1937 den Luftlandepanzer VK 601 bestellte. Bereits 1933 hatte das Amt die Entwicklung neuer Panzer auf den Weg gebracht – damals noch unter der

Tarnbezeichnung **„Landwirtschaftlicher Schlepper"**, weil der Versailler Vertrag eine deutsche Panzerwaffe untersagte. Bei Krauss-Maffei hatten ab 1940 mehrere tausend Kriegsgefangene und Zwangsarbeiter zur Rüstungsproduktion beizutragen. Untergebracht waren sie in vier Gefangenenlagern, von denen sich eines auf dem gegenwärtigen Betriebsgelände nördlich der Krauss-Maffei-Straße befand.

Heute ist Krauss-Maffei Wegmann der führende Hersteller von gepanzerten Rad- und Kettenfahrzeugen in Europa. Zu den bekanntesten Waffensystemen gehören die Kampfpanzer vom Typ Leopard.

24
Bauunternehmen Sager & Woerner

⌂ Bauabteilung Sager & Woerner, 1940
→ Ludwigsfelder Str. 11, Karte A1

Ⓢ Allach 1921 trat ein Mann in das international tätige Bauunternehmen Sager & Woerner ein, von dem die Firma noch lange profitieren sollte. Es handelte sich um den Ingenieur Fritz Todt, den Hitler später zum Chefplaner der deutschen Autobahnen, zum Leiter der „Organisation Todt" und zum Reichsminister für Bewaffnung und Munition ernennen sollte. Bei Sager & Woerner war Todt ab 1926 stellvertretender Geschäftsführer der Abteilung Straßenbau. Ab 1930 entwickelte er gleichzeitig als Fachberater im Stab von Rudolf Heß Pläne für ein Netz neuartiger Schnellstraßen im Deutschen Reich. Dadurch wurde Hitler auf Todt aufmerksam; im Juni 1933 berief er ihn zum „Generalinspektor für das deutsche Straßenwesen". Mit seinem bisherigen Arbeitgeber hielt Todt weiterhin engen Kontakt.

Die Verbindung zahlte sich aus. Sager & Woerner profitierte vom Bau der Reichsautobahnen sowie vom Rüstungsprogramm des NS-Regimes. Der erste Großauftrag bestand in Planung und Realisierung der ▷ **Autobahn München–Salzburg**. Bald war Sager & Woerner deutschlandweit am Autobahnbau beteiligt und eröffnete Filialen in zahlreichen Städten. Zudem kam die Firma beim Bau mehrerer Militärflughäfen zum Zuge, etwa in Berlin-Tempelhof, auf Rügen, Norderney und Sylt, ebenso bei der Errichtung der „Hermann-Göring-Werke" in Salzgitter oder der Buna-Werke bei Leipzig. Als besonders lukrativ erwies sich, dass Sager & Woerner im Frühjahr 1938 zu einem von 16 Generalunternehmen für den Bau des „Westwalls" ernannt wurde. Die Firma war für den Abschnitt im Saargebiet zuständig. In Tag- und Nachtschichten arbeiteten hier fortan bis zu 10.000 Mann. Ab 1938 machte das Unternehmen zusätzliche Gewinne durch Zwangsarbeiter.

An der heutigen Pasteurstraße wurde später ein eigenes Kriegsgefangenenlager eingerichtet.

Die Firma Sager & Woerner ging in den achtziger Jahren in der Walter Bau AG auf. Das frühere Firmengelände an der Ludwigsfelder Straße in Allach ist heute ungenutzt.

23 Der Luftlandepanzer VK601 von Krauss-Maffei, rechts vorn Albert Speer und Ferdinand Porsche

25
Junkers Motorenwerk

⌂ Franz Xaver Bornschlegel, 1939
→ Schöllstr. 8, Karte A1 Ⓢ Allach
Im Auftrag der Luftwaffe produzierte Junkers in diesen Fabrikationshallen Motoren (abgekürzt „Jumo") für die Ju 87 und die Ju 88, zwei der wichtigsten deutschen Bomber. Die Ju 87, besser bekannt als „Stuka" (für Sturzkampfflugzeug), wurde erstmals von der deutschen „Legion Condor" im Spanischen Bürgerkrieg erprobt. Ihren legendären Ruf verdankte sie vor allem Einsätzen in den Blitzkriegen gegen Polen und Frankreich. An der Ostfront wurde die Ju 87 vor allem zur Bekämpfung von Panzern eingesetzt. Die psychologische Wirkung ihrer Attacken sollte durch Sirenen verstärkt werden, die an den Fahrwerken angebracht waren und bei Sturzflügen aufheulten.
Die Ju 88 war ein bis zu 615 Stundenkilometer schneller Kampfbomber. 1939 in Dienst gestellt, kam er an fast allen Fronten zum Einsatz. Zur Endmontage gelangten die zusammengebauten Motoren in das Junkers-Stammwerk nach Dessau. In den Produktionshallen von Allach wurden zahlreiche Zwangsarbeiter beschäftigt, untergebracht waren sie in einem angrenzenden Barackenlager. Die Münchener Werkshallen sind bis heute weitgehend erhalten und werden von verschiedenen Betrieben genutzt.

26
BMW-Werk II / MAN, MTU

⌂ Eduard Herbert, Josef Höhne, Rudi Kranz, Paul Karl Rinke, 1944
→ Dachauer Str. 665, Karte B1
Ⓢ Karlsfeld Im Auftrag des Reichsluftfahrtministeriums entstand zwischen 1936 und 1944 eine zweite Werksanlage des BMW-Konzerns im Allacher Forst. Zum Schutz vor Luftangriffen wurden die Gebäude in Streubauweise errichtet und zusätzlich mit einem Tarnanstrich versehen. Mit Kriegsbeginn wurde das Werk um das Vierfache vergrößert. Höchste Priorität hatte die Produktion von Flugzeugtriebwerken des Typs BMW 801. Der bis zu 2.270 PS starke Motor wurde in 16 verschiedene Flugzeugtypen der deutschen Luftwaffe eingebaut. 1944 begann BMW zusätzlich mit der Herstellung von Düsen- und Raketentriebwerken.
In der näheren Umgebung wurde ab 1941 ein Zwangsarbeiterlager und ab 1943 ein KZ-Außenlager eingerichtet. Die bis zu 8.000 Häftlinge, die hier zusammengepfercht wurden, mussten in der Motorenproduktion oder auf Baustellen arbeiten. Unzählige von ihnen starben aufgrund der unmenschlichen Lebensbedingungen oder wurden von der SS ermordet. Eine 1944 geplante Bunkerfabrik wurde nicht mehr realisiert. Auch zur vorgesehenen Verlagerung der Produktionsstätten in das „Doggerwerk", eine riesige unterirdische Stollenfabrik bei Nürnberg, kam es nicht mehr.
Nach 1945 richtete die US-Armee auf dem Allacher BMW-Gelände ihr weltweit größtes Reparaturwerk für Panzer, Geschütze und LKWs ein. Heute wird das Areal von der MAN-Nutzfahrzeuge AG sowie von der MTU (Motoren- und Turbinen-Union) genutzt.

27
Dornier Flugzeugfabrik

⌂ Philipp J. Manz, 1940 → Brunhamstr. 21, Karte A3 Ⓢ Neuaubing Das Flugzeugwerk in Neuaubing war eines von insgesamt sieben Dornier-Werken in Deutschland und der Schweiz. Im Stammwerk in Friedrichshafen am Bodensee konstruierte Claude Dornier seit den zwanziger Jahren spektakuläre Flugboote wie die zwölfmotorige Do X. In München wurden zunächst Rumpf- und Flügelteile vorgefertigt. Ab 1937 waren die neuerrichteten Werkshallen betriebsbereit. Die Herstellung des Nachtjägers Do 215 wurde umgehend hierher verlegt.
Ab 1941 produzierte Dornier zusätzlich den schweren Bomber Do 217 in Neuaubing. Er wurde 1942 bei den so genannten „Baedeker-Angriffen" gegen England eingesetzt, die auf kulturhistorisch bedeutende Städte wie etwa Canterbury zielten. Nicht mehr zum Einsatz kam der Mehrzweckjäger Do 335 „Pfeil", das mit 846 Stundenkilometern schnellste Kolbenflugzeug des 2. Weltkrieges.
Das letzte existierende Exemplar befindet sich heute im National Air and Space Museum in Washington.

25 Junkers-Werkshalle

24 Hauptlager von Sager & Woerner

23 Krauss-Maffei-Werk

22 Gründungshaus von Himmlers PMA

25 Arbeitsbaracke bei Junkers

25 Junkers-Werkshalle

28 Wachturm im Konzentrationslager Dachau

UMLAND Zwischen München und den Alpen erstrecken sich herrliche Landschaften mit zahlreichen Seen und Kurorten. Die Nazis nutzten diese Idyllen als passende Örtlichkeiten für repräsentative Einrichtungen wie etwa eine „Ordensburg" und eine „SS-Junkerschule" zur Erziehung des Führungsnachwuchses. Hier hatten auch prominente Vertreter des Regimes wie Heinrich Himmler ihre privaten Domizile. Im Münchener Umland stößt man gleichzeitig auf beklemmende Stätten von NS-Verbrechen. In Dachau wurde eines der ersten deutschen Konzentrationslager errichtet, in Kaufbeuren-Irsee ermordeten Ärzte Behinderte im Rahmen des „Euthanasie"-Programms. 1944/45 starben in den KZ-Kommandos von Kaufering und Mühldorf Tausende jüdischer Arbeitssklaven, die beim Bau von Bunkerfabriken eingesetzt worden waren.

1 Fliegerhorst Schleißheim / Deutsches Museum Flugwerft Schleißheim

⌂ Baurat Besold, 1912, Hugo Junkers, 1935, Reichert, Pranschke + Maluche, 1992 → Effnerstr. 18, Oberschleißheim, Karte C2 ⏲ Mo–So 9–17 Uhr Ⓢ Oberschleißheim 1912 wurde bei Oberschleißheim ein Militärflugplatz für die neu aufgestellte königlich-bayerische Fliegertruppe eingerichtet. Hier verbrachte während des 1. Weltkrieges unter anderem der Maler Paul Klee seine Rekrutenzeit.

Er wurde nicht zum Piloten ausgebildet, sondern war dafür zuständig, die Flugzeuge mit Ziffern, Eisernen Kreuzen und Tarnanstrichen zu bepinseln. Nach dem 1. Weltkrieg begann auf dem Flugplatz der Aufbau einer geheimen Ausbildungsstätte für Militärpiloten. Im „Dritten Reich" entstand die Jagdfliegerschule Schleißheim, in der etwa Werner Mölders und Adolf Galland, spätere Flieger-Asse, ihre Lehrjahre als Stuka-Piloten absolvierten. Seit 1992 dient die Flugwerft Schleißheim als Zweigstelle des ▷ **Deutschen Museums**. Ausgestellt werden hier zahlreiche Flugzeuge, Gleiter und Hubschrauber, darunter ein Flugapparat Otto Lilienthals und eine Douglas DC-3 von 1943. Restauriert wird zur Zeit der Heinkel-Bomber He 111. Architektonisch bedeutend sind neben den Junkers-Hallen von 1935 vor allem das Werftgebäude aus der Zeit des 1. Weltkrieges und die Kommandantur von 1912. Sie zählen zu den ältesten Flughafengebäuden der Welt.

2 Bunkerfabrik „Weingut I"

⌂ Organisation Todt, 1945 → Wald im Mühldorfer Hart, Mühldorf, Karte D2

Weil die deutsche Luftrüstung im Laufe des Krieges immer stärker unter alliierten Bombenangriffen zu leiden hatte, wurde der „Jägerstab" gegründet. Er sollte die Rüstungsproduktion in geschützte unterirdische Bunkerfabriken verlagern. Eine dieser Anlagen entstand unter dem Tarnnamen „Weingut I" in einem Waldstück südlich von Mühldorf. Im Wesentlichen handelte es sich um eine Produktionsstätte für den neuartigen Strahljäger Messerschmitt Me 262. Die wichtigsten Zulieferbetriebe aus dem ganzen Reich sollten hier Produktionsflächen zugeteilt bekommen. Zuständig für die 1944 begonnenen Bauarbeiten war die „Organisation Todt". Die Mehrzahl der über 10.000 eingesetzten Arbeitskräfte waren Kriegsgefangene, Zwangsarbeiter und Häftlinge der umliegenden Konzentrationslager. Etwa 2.000 von ihnen starben an den unmenschlichen Lebens- und Arbeitsbedingungen oder wurden von SS-Wachen ermordet.

Das fertige Bauwerk sollte 360 Meter lang, 85 Meter breit und 32 Meter hoch sein. Die Produktionshalle wäre von einer fünf Meter starken Stahlbetondecke überwölbt worden, die man zur Tarnung mit Bäumen und Sträuchern bepflanzt hätte. Im Innern sollten KZ-Häftlinge auf acht Etagen Flugzeugtriebwerke und andere Bauteile herstellen. Die Endmontage der Me 262 hätte dann in der ▷ **Bunkerfabrik „Weingut II"** bei Kaufering stattgefunden. Bis Kriegsende waren etwa 70 Prozent des Bunkers fertig gestellt. Die Alliierten sprengten das Bauwerk. Tief im Wald des Mühldorfer Hart steht heute noch ein Segment der Anlage. In der Umgebung spannt sich, von Moos und Nadelbäumen überwuchert, ein Netz von betonierten Gängen und Bunkern durch das Erdreich. Eine Informationsstele gibt Auskunft über die geplante Bunkerfabrik.

3
Versteck Josef Mengele

→ Lechnerhof, Mangolding, Karte D3

Dr. phil. Dr. med. Josef Mengele, SS-Arzt im KZ Auschwitz, verließ am 17. Januar 1945 seine Arbeitsstätte, um vor der heranrückenden Roten Armee Richtung Westen zu fliehen. Im Mai 1943 hatte er sich nach Auschwitz versetzen lassen, wo er seither nicht nur an der Zugrampe ankommende Juden für die Gaskammer oder den Arbeitseinsatz „selektierte", sondern auch medizinische und anthropologische „Untersuchungen" vornahm. Sein besonderes Interesse galt der Zwillingsforschung. Für diese Zwecke führte er grausame Menschenversuche an KZ-Häftlingen durch, die meist mit dem Tod der Betroffenen endeten.

Sein Fluchtweg führte Mengele von Auschwitz über das KZ Groß-Rosen in ein Feldlazarett. Dort tauschte er seine SS- in eine Wehrmachtsuniform um, bevor er im Juni 1945 von den Amerikanern gefangen genommen wurde. Da er bei seinem Eintritt in die SS die übliche Blutgruppentätowierung verweigert hatte, erkannte man ihn nicht als SS-Mann. Unter dem falschen Namen „Fritz Hollmann" wurde er im August regulär entlassen. In den folgenden Wochen hielt er sich in den Wäldern seines bayerischen Heimatortes Günzburg versteckt. Anfang Oktober 1945 verdingte sich Mengele als Knecht auf einem Bauernhof, dem Lechnerhof in Mangolding, einem kleinen Weiler zwischen Rosenheim und Chiemsee. Erst nach drei Jahren verließ er das Versteck. Über Genua gelang ihm die Flucht nach Buenos Aires in Argentinien. Allen späteren Auslieferungsbegehren der Bundesrepublik konnte Mengele sich entziehen. 1979 starb er angeblich in Brasilien bei einem Badeunfall.

4
Rasthaus Felden am Chiemsee

⌂ Fritz Norkauer, 1938 → Rasthausstr. 12–18, Felden am Chiemsee, Karte D3

Auf halber Strecke zwischen München und Salzburg entstand das erste und (neben der Anlage in Hermsdorf) größte der Rasthäuser an den Reichsautobahnen. Die Route München–Salzburg war nicht nur eines der repräsentativsten Teilstücke des neuen Autobahnsystems, sie wurde auch von Hitler selbst häufig befahren, wenn er sich zum Obersalzberg begab. Daher griff der „Führer" persönlich in die Planungen für das Rasthaus ein. Auf den Entwürfen des Architekten trug er zahlreiche Bleistiftkorrekturen ein.

Für reisende „Volksgenossen" bot die weit-läufige Anlage weit mehr als nur eine Möglichkeit zum Tanken. Es gab ein Hotel mit Gasthaus, ein Hallenbad, ein Erholungszentrum und ein Sportheim. Über Wandelgänge gelangte man an das Ufer des Chiemsees zu einem Strandbad, diversen Sportplätzen und einer Dampferanlegestelle. Architektonisch orientierte sich die Raststätte an den großen Chiemgauer Bauernhöfen mit flach geneigtem Dach. In krassen Gegensatz dazu wäre am gegenüberliegenden Seeufer die geplante ▷ **„Hohe Schule"** der NSDAP mit ihren monumental-klassizistischen Formen getreten.

Nach dem Krieg nutzte die US-Armee die Raststätte als „Chiemsee Recreation Area" und „Chiemsee Lake Hotel". Der 38 Meter lange Speisesaal, mit NS-Wandmalereien heimischen Bauernlebens, ist so bis heute nahezu unverändert erhalten geblieben. Im Jahr 2005 wurde das gesamte Areal an die Gemeinde zurückgegeben.

5
„Lebensborn Heim Hochland" / Betreuungszentrum Steinhöring

→ Münchener Str. 39, Steinhöring, Karte C2 Deutsche Frauen sollten möglichst viel Nachwuchs zur Welt bringen, lautete ein Ziel der nationalsozialistischen Rassen- und Bevölkerungspolitik. Daher galt es unter anderem, die Zahl illegaler Abtreibungen zu reduzieren. In diesem Sinne gründete „SS-Führer" Himmler 1935 den „Lebensborn e.V.". Ledige Frauen,

2 Segment der Bunkerfabrik „Weingut I“, im Vordergrund Trümmer mit Armierungseisen

2 Betongänge im Waldboden

2 Unterseite des Bunkersegments

2 Unvollendete Bunkerbauten im Wald von Mühldorf

2 Vorgefertigtes Betonteil

4 Rasthaus Felden am Chiemsee, 1939

6 FÜHRERHAUPTQUARTIER „SIEGFRIED“ 1945

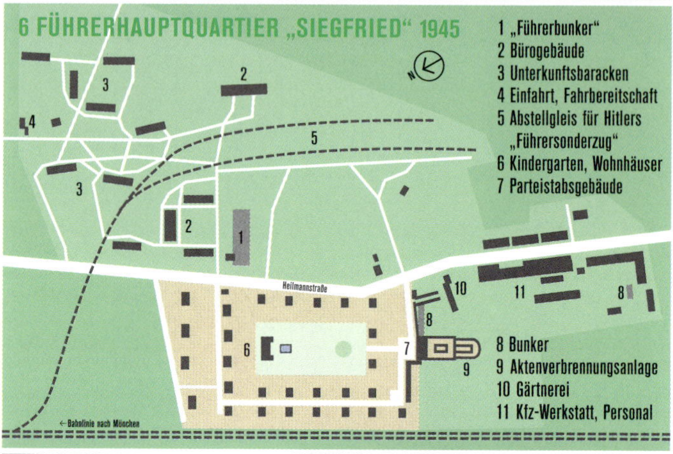

7 Staatsatelier von Bildhauer Josef Thorak, 1941

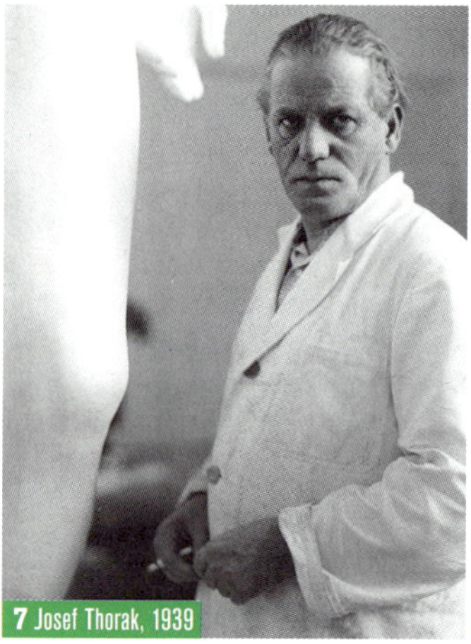

7 Josef Thorak, 1939

7 Thorak modelliert das „Denkmal der Arbeit“, 1938

die ungewollt schwanger geworden waren und die einschlägigen „rassischen" Kriterien erfüllten, konnten in den Heimen des Vereins diskret die Zeit bis zur Geburt verbringen oder hier auch nur entbinden. Anschließend mussten sie entscheiden, ob sie das Kind behalten, dem Verein in Pflege geben oder zur Adoption durch eine „SS-Familie" freigeben wollten. Als erstes „Lebensborn"-Heim diente ab dem 15. August 1936 ein ehemaliges Caritas-Kinderheim in Steinhöring bei München. Es erhielt den Tarnnamen „Heim Hochland". Nach Umbauten standen hier 50 Mütterbetten und 109 Kinderbetten zur Verfügung. Geführt wurde die Einrichtung von dem Arzt und „SS-Oberführer" Gregor Ebner, der bald zum ärztlichen Leiter des gesamten „Lebensborns" aufstieg. Insgesamt gab es während des Krieges in Europa 20 „Lebensborn"-Heime. In deutschen Heimen wurden insgesamt 8.000 Kinder geboren, in Norwegen, dessen Bewohner die Nazis wegen ihrer angeblich hohen „rassischen" Qualität besonders schätzten, vermutlich um die 12.000. Kurz vor Kriegsende verbrannten die Angestellten des Hauses in Steinhöring alle Originalpapiere. Von vielen „Lebensborn"-Zöglingen konnte die wahre Identität nie mehr geklärt werden.
Heute ist auf dem Gelände ein Betreuungszentrum für Behinderte untergebracht. Als letztes Relikt des „Lebensborn"-Heimes befindet sich im Garten, unter Buchen versteckt, die Skulptur „Mutter stillt ihr Kind".

6
Führerhauptquartier „Siegfried" / Bundesnachrichtendienst

⌂ Organisation Todt, 1944 → Heilmannstraße 30, Pullach, Karte C2 Ⓢ Pullach

Von März 1943 bis November 1944 entstand im Dorf Pullach, 15 Kilometer südlich von München, unter dem Tarnnamen „Anlage Siegfried" ein „Führerhauptquartier". Für die unterirdische Bunkeranlage verbaute die Organisation Todt 25.000 Kubikmeter Beton, Kosten von 13 Millionen Reichsmark fielen an. Auf dem Gelände war 1937/38 nach Plänen von Roderich Fick zunächst die „Reichssiedlung Rudolf Heß" errichtet worden, eine Mustersiedlung für Parteibeamte, in der sich auch ein Dienstgebäude für Martin Bormann befand. Bis zur Fertigstellung der Parteibauten in der Münchener Maxvorstadt leitete Heß, der „Stellvertreter des Führers", die NSDAP von Pullach aus. Nach seinem Umzug nutzte Bormann das Stabsgebäude in Pullach als Unterkunft. Wahrscheinlich für den Fall, dass der Obersalzberg einmal bombardiert werden könnte, ließ Bormann, seit Mai 1941 Chef der Parteikanzlei, hier ein Ausweichquartier für Hitler bauen.
Gut getarnt in einem Waldstück, entstanden vier unterirdische Bunker mit einer Deckenstärke von 3 Metern und 3,50 Meter dicken Wänden. Die Anlage umfasste mehr als 30 Räume, die teilweise durch 80 Zentimeter starke Stahlbetonwände verstärkt waren. Ein Flakturm diente der Außenverteidigung. Über das Isartal-Bahnnetz hätte der „Führersonderzug" bis in die Nähe des Bunkers rollen können. Doch Hitler nutzte die „Anlage Siegfried" nie.
Im April 1945 entdeckten US-Truppen den Bunker; seine Ausstattung beschrieben sie als **„modern and first class"**. Nach vorübergehender Nutzung durch das amerikanische Militär bezog 1947 die Organisation Gehlen, ein Vorläufer des Bundesnachrichtendienstes (BND), das Areal. Die BND-Zentrale befindet sich noch heute auf diesem Gelände, soll aber demnächst nach Berlin umgesiedelt werden.

7
Staatsatelier Josef Thorak

⌂ Albert Speer, 1941 → Fichtenstr. 14, Baldham, Karte C2 Ⓢ Baldham

1938 erhielt Hitlers Architekt Albert Speer den Auftrag, in Baldham bei München ein Ateliergebäude für den Bildhauer Josef Thorak zu errichten. Neben Arno Breker war Thorak einer der am meisten beschäftigten und geförderten Künstler des „Dritten Reiches". Er kam in den Genuss zahlreicher Staatsaufträge, unter anderem für das Reichssportfeld und die Neue Reichskanzlei in Berlin, das Nürnberger Reichsparteitagsgelände und das „Denkmal der Arbeit" an der Autobahn bei Salzburg.
Den gewaltigen Ausmaßen von Thoraks Plastiken entsprechend, musste das Atelier großzügig bemessen werden. Die Werkhalle erhielt eine Grundfläche von 700 Quadratmetern und eine Höhe von

8

10 Einfahrtstor zur „SS-Junkerschule“

über zehn Metern. Zu dem Ensemble gehören eine zweigeschossige Wohnhalle, ein Naturpark, Stallungen für Modellpferde, Bedienstetenwohnungen und Garagen. In den nördlich anschließenden Nebenräumen liegt der „Kapitulationssaal“, in dem 1945 die Kapitulationsverhandlungen der Heeresgruppe G geführt wurden.
Nach dem Krieg erhielt Thorak wieder öffentliche Aufträge und konnte 1950 in Salzburg eine Ausstellung durchführen. Er starb 1952. Sein früheres Atelier wird heute von der Prähistorischen Staats-sammlung in München genutzt.

8
Bavaria Film AG

⌂ 1932 → Bavariafilmplatz 7, Geiselgasteig, Karte C2 ⏱ März–Okt., 9–16 Uhr, Nov.–Febr., 10–15 Uhr Die Bavaria Film AG wurde im September 1932 auf dem Geiselgasteiger Filmgelände im Münchner Süden gegründet. Wenige Monate später begann im Rahmen der Gleichschaltung sämtlicher Medien der Zugriff des NS-Regimes auf die Filmindustrie. Verantwortlich für alle Produktionen war nun Propagandaminister Joseph Goebbels. Im März 1933 erklärte er: **„Wir denken gar nicht daran, auch nur im entferntesten zu dulden, dass jene Ideen, die im neuen Deutschland mit Stumpf und Stiel ausgerottet werden, irgendwie getarnt oder offen im Film wieder ihren Einzug halten.“**
Die Berufsausübung konnte allen Filmschaffenden untersagt werden, die nicht die „erforderliche Zuverlässigkeit“ besaßen. Das betraf vor allem jüdische Produzenten, Regisseure und Schauspieler. Gleichzeitig waltete die Zensur; bereits 1933 wurden rund 100 Filme verboten. Am 14. Juni 1933 hatte der Bavaria-Film **„SA-Mann Brand“** in München Premiere, der erste NS-Gesinnungsfilm. Er thematisierte die nationalsozialistische „Kampfzeit“. 1.600 Komparsen waren für die Dreharbeiten herangezogen worden.
Drei Monate später, am 12. September, fand auf dem Filmgelände in Anwesenheit Hitlers die Uraufführung des Spielfilms **„Hitlerjunge Quex“** mit Heinrich George statt. Bis in die letzten Kriegstage hinein sollten noch Dutzende solcher Propagandafilme entstehen, im Wechsel mit seichter Unterhaltung.
Ab Juli 1945 entstand hier unter Regie der US-Armee eine Wochenschau für die Besatzungszonen. Heute gehört die Bavaria Film zu den führenden Produktionsfirmen Europas. Neben Wolfgang Petersens Klassiker **„Das Boot“** wurde in den Geiselgasteig-Studios auch **„Die Manns“** verfilmt. Das Original-Innenmodell des U-Boots kann in der Bavaria Filmstadt ebenso besichtigt werden wie ein Nachbau der Thomas-Mann-Villa.

9
Denkmal „Fanget an!“

⌂ 1934 → Autobahn München–Salzburg, Unterhaching, Karte C2 Am 21. März 1934 vollzog Hitler bei Unterhaching den ersten Spatenstich für den Bau der Reichsautobahn München–Salzburg. Zur Erinnerung an den Beginn der „Arbeitsschlacht“ wurde ein Denkmal aufgestellt.

10 Hauptgebäude im Innenhof der „SS-Junkerschule"

Es handelte sich um eine Säule, die mit dem Hitler-Befehl **„Fanget an!"** beschriftet und von acht Spaten bekrönt war. Nach Eröffnung der Autobahn ersetzte man dieses Denkmal durch eine größere, etwa fünf Meter hohe Replik, die zwischen den Fahrbahnen platziert wurde. Das Monument verschwand nach dem Krieg. Jahrzehnte später wurde sein Sockel bei Irschenberg neben der Autobahn wiederentdeckt.

10
„SS-Junkerschule"

⌂ 1937 → Tegernseestr., Bad Tölz, Karte C3 1934 wurde in Bad Tölz die erste „SS-Junkerschule" gegründet, eine zweite entstand 1935 in Braunschweig. Im Krieg folgten weitere „Junkerschulen" in Klagenfurt und Prag. Diese Einrichtungen dienten der Ausbildung von SS-Offiziersanwärtern. In bis zu zehnmonatigen Lehrgängen wurden sie militärisch und ideologisch geschult. Danach sollten sie in Konzentrationslagern, im Sicherheitsdienst (SD) oder im Verwaltungsapparat der SS, vor allem aber an der Front eingesetzt zu werden. Bereits 1940 kamen drei Viertel des „Führernachwuchses" aus den „Junkerschulen" zur rasch wachsenden Waffen-SS. Etwa 15.000 Männer wurden während des Krieges in den „Junkerschulen" ausgebildet. Die Bewerber mussten unter 24 Jahre alt, mindestens 1,74 Meter groß und „rassisch" wie körperlich tauglich sein. Unterrichtsschwerpunkte bildeten Taktik, Geländekunde, Waffeneinsatz und Weltanschauung. Die zum Teil erst sechzehnjährigen Rekruten wurden gnadenlos gedrillt. Gegen Ende des Krieges opferte man viele der Heranwachsenden noch in sinnlosen Einsätzen an der Front.

Im März 1945 wurde der letzte Tölzer Lehrgang der SS-Division „Nibelungen" eingegliedert. Die burgähnliche Anlage in Bad Tölz war, wie bei SS-Einrichtungen üblich, durch ein eigenes Heizkraftwerk und Viehstallungen von staatlichen Versorgungseinrichtungen weitgehend unabhängig. Nach dem Krieg war in den Gebäuden die Flint-Kaserne der US-Armee untergebracht. Heute werden die Gebäude von Einzelhandelsfirmen genutzt.

Unten: Autobahn-Denkmal „Fanget an!"

11 Isarbrücke von Bad Tölz

13 Landhaus Himmler

12 Kurhotel Pension Hanselbauer

15 „Ordensburg“ Sonthofen, 1944

14 Eingangsportal zum Olympia-Skistadion in Garmisch-Partenkirchen

11
Isarbrücke Bad Tölz

⌂ Roderich Fick, 1937 → Marktstr., Bad Tölz, Karte C3 1959 drehte der Regisseur Bernhard Wicki nach dem gleichnamigen Roman von Gregor Dorfmeister den Antikriegsfilm **„Die Brücke"**. Das vielfach ausgezeichnete Werk erzählt die Geschichte von sieben Gymnasiasten, die im Frühjahr 1945 am Rande einer deutschen Kleinstadt eine unbedeutende Brücke verteidigen sollen. In einem sinnlosen Kampf fallen alle Jungen bis auf einen. Der Roman beruht auf einer wahren Begebenheit.

Gegen Kriegsende schickte das NS-Regime Scharen von Jugendlichen im „Volkssturm" gegen die vorrückenden Alliierten in den Kampf. In Bad Tölz wurde der sechzehnjährige Dorfmeister, ein Zögling der ▷ **„SS-Junkerschule"**, zusammen mit einer Gruppe gleichaltriger „Hitler-Jungen" zunächst zur Bewachung einer Brücke über die Loisach abkommandiert. Voller Stolz und Abenteuerlust bezogen sie ihre Stellung. Als am Morgen des 1. Mai plötzlich der erste amerikanische Panzer auftauchte, feuerten die Jungen vor lauter Aufregung ihre Panzerfäuste alle gleichzeitig ab. Der Panzer wurde gestoppt, und die US-Soldaten zogen sich zurück. Nur wenig später kehrten sie jedoch mit Luftunterstützung zurück. Nur Dorfmeister und zwei seiner Kameraden überlebten den Gegenangriff. Zurück in Bad Tölz, wurden die drei nun zur Verteidigung der Isarbrücke eingeteilt. Dorfmeister hatte jedoch genug von dem sinnlosen Gemetzel und flüchtete zu seinen Eltern. Seine Begleiter hatte er vergeblich zu überreden versucht, ebenfalls zu desertieren. Am nächsten Tag, als die Stadt schon von US-Truppen besetzt war, kehrte er zur Brücke zurück.

Hier entdeckte er die Leichen seiner beiden gefallenen Kameraden.

12
Kurhotel Pension Hanselbauer / Hotel Lederer am See

⌂ Bodenschneidstr. 9, Bad Wiessee, Karte C3 Am 30. Juni 1934 ließ sich Hitler zusammen mit Joseph Goebbels und einem Trupp SS-Männer nach Bad Wiessee am Tegernsee chauffieren. Es handelte sich um ein wichtiges Kommandounternehmen; an diesem Tag sollte die SA-Spitze liquidiert werden. Zielort war das Kurhotel Pension Hanselbauer, in dem SA-Chef Ernst Röhm und zahlreiche seiner engsten Vertrauten ihren Urlaub verbrachten.

Die meisten der SA-Funktionäre schliefen noch ihren Rausch vom Vorabend aus, als die „Führerlimousine" vorfuhr. Hitler stürmte mit einer Reitpeitsche bewaffnet in das Zimmer seines alten Kampfgefährten und herrschte ihn an: **„Röhm, du bist verhaftet!"** Der konnte gerade noch **„Heil, mein Führer!"** antworten, bevor Hitler ihn den SS-Männern überließ.

Einige Kameraden des homosexuellen Röhm sollen mit minderjährigen Knaben im Bett angetroffen worden sein, was Goebbels in seiner Postille „Der Angriff" publik machte.

Die Festgenommenen wurden in das ▷ **Gefängnis München-Stadelheim** gebracht. Noch am selben Abend übergab Hitler dem Chef seiner Leibwache, Sepp Dietrich, eine Liste mit sechs Todeskandidaten, die ein SS-Kommando kurz darauf in Stadelheim hinrichtete. Ernst Röhm wurde am nächsten Tag in seiner Zelle vom Dachauer KZ-Kommandanten Theodor Eicke persönlich erschossen.

Im Zuge von Hitlers Mordaktion wurden in ganz Deutschland etwa 1.000 Menschen umgebracht.

13
Landhaus Heinrich Himmler

⌂ Alois Degano, 1936 → Kurstr. 2–8, Gmund, Karte C3 1936 wurde das Anwesen „Lindenfycht" in Gmund am Tegernsee ständiger Wohnsitz der Familie Heinrich Himmlers. Der „SS-Führer" selbst hielt sich allerdings die meiste Zeit in Berlin auf, wo er auch ein Verhältnis mit seiner Privatsekretärin unterhielt.

Das vom NS-Regime propagierte Familienleben führte Himmler nur noch zum Schein, wenn er seiner Frau Marga und Tochter Gudrun gelegentlich Besuche abstattete. Himmler, der über ein „Imperium" von Konzentrationslagern herrschte, ließ auch Arbeiten auf seinem Privatgrundstück von KZ-Häftlingen verrichten.

Am 15. Juli 1944 schrieb die 15-jährige Gudrun, von Himmler „Püppi" genannt, in ihr Tagebuch: **„Jetzt wird auf dem Spielplatz ein Bunker gebaut, das finde ich furchtbar, der ewige Radau und immer Häftlinge, und dann darf man da nicht und dort nicht hingehen, Pappi wollte es aber so gerne haben und Mutti auch ..."** Tatsächlich gab es zu dieser Zeit in Gmund ein kleines Außenlager des ▷ **Konzentrationslager Dachau** für etwa 14 Häftlinge, die einen Bunker für Himmlers Haus anlegen mussten.
Nachdem sich der „Reichsführer SS" nach Kriegsende dem Zugriff der Alliierten durch Selbstmord entzogen hatte, musste auch seine Familie Gmund verlassen. **„Wo wir hingehen, muss ganz geheim bleiben"**, notierte Gudrun am 18. April 1945 in ihrem Tagebuch. Mutter und Tochter flohen nach Tirol, ihr Versteck wurde allerdings wenig später von einem SS-Offizier preisgegeben. Das einstige Wohnhaus der Himmlers wird heute gewerblich genutzt.

14
Olympia-Skistadion

⌂ Arthur Holzheimer, Arnulf Albinger, 1935 → Karl-und-Martin-Neuner-Platz, Garmisch-Partenkirchen, Karte B4

Im Februar 1936 wurden in Garmisch-Partenkirchen die IV. Olympischen Winterspiele ausgetragen. Dafür hatte man unter anderem zwei Skisprungschanzen, ein Kunsteisstadion und eine Bobbahn angelegt. Zentrales Bauwerk aber war das Skistadion, das 80.000 bis 100.000 Besucher fasste. Hier fanden die Eröffnungszeremonie und die Siegerehrungen statt. Hitlers Platz bei solchen Anlässen war das Olympiahaus. Ähnlich einer Ehrentribüne hatte man es in die Mitte der Zuschauerränge eingebettet. Von hier aus hatte man einen idealen Blick auf die Skisprungschanzen und das Olympische Feuer.
Für Empfänge und als Aufenthaltsort während der Wettbewerbe standen Hitler repräsentative Räume samt einer Gaststätte zur Verfügung.

Für die Olympischen Winterspiele von 1940, die erneut in Garmisch-Partenkirchen stattfinden sollten, plante man, das Skistadion großräumig zu erweitern und das Olympiahaus durch einen 40 Meter langen Neubau mit „Führertribüne" zu ersetzen. Die Einmarschtore sollten mit Turmpaaren ausgerüstet werden, auf denen jeweils die fünf Meter hohe Skulptur eines olympischen Siegers gethront hätte. Die Planungen wurden nicht mehr ausgeführt. Bis heute wird das Olympia-Skistadion für Wettkämpfe genutzt und kann besichtigt werden.

15
„Ordensburg" Sonthofen / Generaloberst-Beck-Kaserne

⌂ Hermann Giesler, 1942 → Hofener Str. 16, Sonthofen, Karte A4

In Sonthofen befand sich eine von drei „Ordensburgen", die Reichsschulungsleiter Robert Ley zur Ausbildung des NSDAP-Führungsnachwuchses gegründet hatte. Im ersten Jahr sollten sich die „Junker", wie die Anwärter genannt wurden, in Vogelsang (Eifel) mit der „Rassischen Philosophie der neuen Ordnung" beschäftigen. Für das zweite Jahr in Krössinsee (Pommern) war „charakterliche Bildung" vorgesehen. Das dritte Jahr in Sonthofen schließlich galt Verwaltungs- und Militäraufgaben sowie Diplomatie.
Für den Standort auf einem Hochplateau über Sonthofen entwarf der Architekt Hermann Giesler eine burgähnliche Anlage für bis zu 1.500 Personen. Auf dem 750 Meter langen Areal sollte sich die „Ordensburg" aus zahlreichen Gebäudetrakten zusammensetzen. Bis 1942 wurden rund 150 Millionen Reichsmark verbaut. Bereits am 23. November 1937 weihte Hitler die unvollendete Burg in einem Staatsakt feierlich ein, die ersten 500 Schüler waren im Oktober eingerückt. Aus diesem Jahrgang wurden die Stammbelegschaften für alle drei „Ordensburgen" rekrutiert.
Bis Kriegsende wurde der Schulbetrieb in Sonthofen aufrechterhalten. Am 30. April 1945 besetzten französische Truppen der 2. Marokkanischen Infanteriedivision die Stadt. Im Juli übernahmen US-Truppen das Regiment; für ihre Militärpolizei nutzten sie die Burg als „Constabulary-School". Seit 1956 dient die Anlage der Bundeswehr als Generaloberst-Beck-Kaserne.

Die Olympischen Winterspiele

Zusammen mit den Austragungsrechten für die XI. Olympischen Sommerspiele, die 1936 in Berlin stattfinden sollten, erhielt das Deutsche Reich auch den Zuschlag für die Winterspiele.
Zur Veranstaltungsstätte bestimmte man die beiden oberbayerischen Gemeinden Garmisch und Partenkirchen am Fuße des Wettersteingebirges, die zu diesem Zweck eigens zusammengelegt wurden. Erfolglos riefen deutsche Emigranten zum Boykott des NS-Reiches auf.
Am 6. Februar 1936 eröffnete Hitler als Schirmherr die Spiele. Auf seinen Wunsch hin hatte man übrigens „Militärpatrouille", den Vorgänger des Biathlons, zur olympischen Disziplin gemacht.
Die Winterspiele verliefen für das Regime ebenso erfolgreich wie einige Monate später die Wettkämpfe von Berlin. Auf beiden Großveranstaltungen gelang es, der Weltöffentlichkeit das Bild eines friedfertigen Deutschland vorzuspiegeln.
In Garmisch-Partenkirchen war zudem ein Besucherrekord zu verzeichnen: Hatten 1932 im amerikanischen Lake Placid nur 78.000 Zuschauer die Winterspiele verfolgt, so waren es nun über eine halbe Million. Vorbereitung und Durchführung der Wettkämpfe kosteten insgesamt 2,6 Millionen Reichsmark.
Die Winterspiele von 1940 vergab das Internationale Olympische Komitee aus Mangel an geeigneten Mitbewerbern und wegen des guten Eindrucks, den Deutschland hinterlassen hatte, erneut an Garmisch-Partenkirchen. Umfangreiche Ausbaumaßnahmen waren dafür vorgesehen. Nach dem Ausbruch des Zweiten Weltkrieges wurden die Olympischen Spiele jedoch bis 1948 ausgesetzt.

14 Fackelträgerin im Skistadion

14 Skisprungschanzen

14 Olympia-Skistadion

Werbeplakat für Hitlers „Mein Kampf", 1925

„Mein Kampf"

„Viereinhalb Jahre Kampf gegen Lüge, Dummheit und Feigheit" wollte Hitler sein Hauptwerk ursprünglich nennen. Der Verleger und Parteigenosse Max Amann überzeugte ihn von dem prägnanteren Titel **„Mein Kampf"**. Während seiner Festungshaft in Landsberg hatte Hitler 1924 damit begonnen, die eigene Lebensgeschichte und Weltanschauung zu Papier zu bringen. Einen Teil des Textes diktierte er seinem Fahrer Emil Maurice, einen anderen dem ebenfalls inhaftierten Rudolf Heß. Bevor es in Druck ging, wurde das Manuskript wegen erheblicher stilistischer Mängel von mehreren Hitler-Sympathisanten gründlich redigiert. Der erste Band erschien im Juli 1925 mit dem Untertitel **„Eine Abrechnung"** im parteieigenen ▷**Eher Verlag**.
Der zweite Band, **„Die nationalsozialistische Bewegung"**, kam im Dezember 1926 heraus. Ab 1930 waren beide Teile in einer preiswerten Volksausgabe erhältlich. Bis Ende 1945 wurde „Mein Kampf" in 16 Sprachen übersetzt, die Gesamtauflage belief sich auf zehn Millionen Exemplare. Dem Autor brachte der Verkauf ein Millionenvermögen ein. Ab 1936 verteilte man das Buch auf Standesämtern an Neuvermählte.
Nach dem Krieg wurde der Bleisatz von „Mein Kampf" in einem feierlichen Akt eingeschmolzen – daraus entstanden die Druckplatten für die neu gegründete „Süddeutsche Zeitung".

16
Heil- und Pflegeanstalt Kaufbeuren-Irsee / Schwabenakademie

⌂ 1730 → Klosterring 4, Irsee, Karte A3

Bis 1803 gab es in Irsee ein Benediktinerkloster, dessen Ursprünge ins 12. Jahrhundert zurückreichen. 1849 eröffnete man in der barocken Klosteranlage die erste „Schwäbische Kreisirrenanstalt". Aus ihr wurde später ein Teil der Heil- und Pflegeanstalt Kaufbeuren-Irsee. Als das NS-Regime ab 1939 geistig Behinderte und psychisch Kranke im Rahmen des „Euthanasie"-Programms systematisch umbringen ließ, diente die Anstalt Irsee als Durchgangsstation für die Mordaktionen. Aus allen Teilen Deutschlands wurden Patienten hierher verlegt und dann weitertransportiert nach Hartheim bei Linz oder Grafeneck in Württemberg, zwei von insgesamt fünf Tötungszentren, in denen Behinderte in Gaskammern starben.
Organisiert wurde der Massenmord, dem bis 1941 rund 70.000 Menschen zum Opfer fielen, von einer zentralen Dienststelle in der Tiergartenstraße 4 (daher der Tarnname „T4") in Berlin.
Aus der Reichshauptstadt kamen auch die großen grauen Busse mit verhängten Fenstern, die seit 1939 regelmäßig in Irsee zu sehen waren. Sie gehörten der so genannten „Gemeinnützigen Kranken-Transport GmbH". Unter den Dorfbewohnern war allgemein bekannt, was mit den Patienten geschah, die weggebracht wurden. Nach Aussagen des Pfarrers von Irsee wussten oder ahnten auch die Opfer, was ihnen bevorstand. **„Ein Kranker sagte einmal beim Einsteigen in das so genannte Himmelfahrtsauto: ‚Meint ihr, wir sind so dumm? Wir wissen schon, dass es jetzt ins Leichenauto geht!'"**
Hitler ließ die Aktion im August 1941 stoppen, weil sie für Unruhe in der Bevölkerung gesorgt hatte. Doch die Morde gingen verdeckt weiter, nun auch in der Heil- und Pflegeanstalt Kaufbeuren-Irsee selbst. Der Psychiater Valentin Faltlhauser, von 1929 bis 1945 Direktor der Anstalt, entwickelte 1942 aus eigenem Antrieb eine so genannte „E-Kost" (Entzugskost). Mit kleinen Portionen von verkochtem und völlig fettlosem Gemüse wurden die Menschen langsam ausgehungert. Dieses

Tötungsverfahren erregte weniger Aufsehen. Später brachte man die Patienten mit Tabletten oder Spritzen um. Als der Gemeindefriedhof vollständig belegt war, wurde 1944 auf dem Anstaltsgelände ein Krematorium in Betrieb genommen. Offiziell starben zwischen 1939 und 1945 in Kaufbeuren-Irsee 3.028 Menschen. Klinikdirektor Faltlhauser fand nach dem Krieg milde Richter. Am 30. Juli 1949 wurde er zu einer Strafe von drei Jahren Gefängnis verurteilt. In dem Klostergebäude war noch bis 1972 die Heil- und Pflegeanstalt untergebracht. Seit 1983 hat hier die Schwabenakademie Irsee ihren Sitz.

17
Gefangenenanstalt Landsberg am Lech / Justizvollzugsanstalt

→ Hindenburgring 12, Landsberg am Lech, Karte A2 Nach dem gescheiterten Putschversuch vom 8./9. November 1923 wurde Hitler zu der gesetzlich vorgeschriebenen Mindeststrafe von fünf Jahren Festungshaft verurteilt. Es handelte sich hierbei um eine besondere Strafform, die als nicht entehrend galt und ohne Arbeitszwang war. Zur Verbüßung seiner Strafe wurde Hitler in die Gefangenenanstalt von Landsberg am Lech eingeliefert.

Bis 1924 saßen hier insgesamt 38 Nationalsozialisten ein, darunter auch der spätere „Führer-Stellvertreter" Rudolf Heß. Letzterer diente Hitler als persönlicher Sekretär, dem er hier Teile seines Buches ▷ **„Mein Kampf"** diktierte. Die Unterbringung der Putschisten war geradezu luxuriös. Hitlers geräumige, wohnlich eingerichtete „Zelle" verfügte über einen angeschlossenen Gemeinschaftsraum, der mit NS-Devotionalien ausgeschmückt war. Die Tage konnte er gemeinsam mit Parteigenossen bei üppigen Speisen verbringen. Am 20. Dezember 1924 wurde Hitler nach nur acht Monaten vorzeitig entlassen.

Nach der Machtübernahme der Nazis wurde die „Festung Landsberg" zu einer NS-Wallfahrtsstätte stilisiert. Scharen von Besuchern strömten in die bayerische Kleinstadt, „Reichsjugendführer" Baldur von Schirach ernannte sie zur **„Stadt der Jugend"**. Im Anschluss an die Reichsparteitage von 1937/38 marschierten im „Bekenntnismarsch der Hitler-Jugend" Delegationen aus ganz Deutschland nach Landsberg. In der Hitlerzelle wurden Freiexemplare von „Mein Kampf" überreicht. Es gab sogar Vorschläge, das Gefängnis zur größten deutschen Jugendherberge umzuwandeln.

Nach 1945 nutzten die Amerikaner den Gefängnisbau als **„War Criminals Prison No. 1 Landsberg"** und internierten hier Verurteilte aus den Kriegsverbrecherprozessen. Bis 1951 wurden hier von den insgesamt 1.543 Häftlingen 308 hingerichtet. Die Toten bestattete man größtenteils auf einem kleinen Friedhof neben der Haftanstalt, der auch für viele NS-Opfer zur letzten Ruhestätte geworden war. Obwohl die Kreuze heute namenlos sind, ziehen die Gräber von Kriegsverbrechern nach wie vor Neonazis an. 2003 wurde der Friedhof vom Freistaat Bayern entwidmet. In der früheren „Festung" befindet sich heute eine Justizvollzugsanstalt.

17 Namenlose Gräber vor dem Gefängnis Landsberg

18 Gedenkstätte für jüdische Opfer in Kaufering

18
Bunkerfabriken „Weingut II", „Diana II", „Walnuß II", KZ-Kommando Kaufering VII / Europäische Holocaustgedenkstätte Kaufering VII, Luftwaffenwerft 31

Organisation Todt 1945 → B17, Erpftinger Wald, Landsberg am Lech, Karte A2
Besichtigung nach Vereinbarung mit der Bürgervereinigung „Landsberg im 20. Jahrhundert" (Tel. 08191-22380)

Im Frühjahr 1944 begann in den Wäldern rund um Landsberg am Lech der Bau von drei halbunterirdischen Großbunkern. Sie erhielten die Tarnnamen „Weingut II", „Diana II" und „Walnuß II". Im Rahmen des Rüstungsprojekts „Ringeltaube" sollten hier bombensichere Produktionsorte für Strahljäger eingerichtet werden. Die Bunkerbaustellen waren zentrale Stätten des NS-Judenmordes. Hier betrieb man **„Vernichtung durch Arbeit"**.
Am 18. Juni 1944 trafen die ersten 1.000 jüdischen Arbeitssklaven aus dem KZ Auschwitz ein. Insgesamt wurden bis Kriegsende im Landsberger Raum elf Konzentrationslager errichtet, die alle nach dem Ort Kaufering benannt wurden.
In ihnen registrierte der luxemburgische KZ-Priester Jules Jost bis zum 9. März 1945 insgesamt 28.838 Häftlinge. Mindestens 14.500 von ihnen kamen ums Leben, nur etwa 15.000 Gefangene erlebten am 27. April 1945 die Befreiung durch die Amerikaner. **„Wenn man von den Lebensbedingungen ausgeht, waren die 11 Lager in der Umgebung von Kaufering und Landsberg in Bezug auf Unmenschlichkeit, Hunger und Krankheiten die schlimmsten"**, hieß es später in einem Untersuchungsbericht der US-Armee. Bis Kriegsende waren etwa 70 Prozent der Bunkerfabrik fertig gestellt. Die letzten Spuren des größten KZ-Außenkommandos auf deutschem Boden bewahrt heute die „Europäische Holocaustgedenkstätte Kaufering VII". Die Bürgervereinigung „Landsberg im 20. Jahrhundert" hat dafür einen Teil des ehemaligen Lagergeländes erworben.
Unter anderem sind hier die Ruinen der KZ-Erdbunker zu besichtigen. Der in der Nachkriegszeit fertig gestellte Großbunker „Weingut II" beherbergt heute die Luftwaffenwerft 31 der Bundeswehr.

19
Luftkriegsschule Fürstenfeldbruck

Luftwaffenbauverwaltung, Ernst Sagebiel, Robert Roskothen, 1936 → Fürstenfeldbruck, Karte B2 Auf dem Fliegerhorst Fürstenfeldbruck entstand in den dreißiger Jahren die größte Luftkriegsschule des Deutschen Reiches. Für Reichsluftfahrtminister Hermann Göring, im 1. Weltkrieg selbst erfolgreicher Jagdflieger, handelte es sich um ein persönliches Prestigeobjekt. Die enormen Baukosten von 40 Millionen Reichsmark empfand er als „standesgemäß" für die neue Luftwaffe. Die Repräsentationsbauten wurden von Ernst Sagebiel entworfen, der später auch die ▷ **Flughäfen München-Riem** und Berlin-Tempelhof konzipieren sollte.
Die Unterrichts- und Unterkunftsgebäude plante Robert Roskothen.
Gegen Kriegsende wurde hier das größte Jagdgeschwader des Strahljägers Me 262 stationiert. Die letzte Me 262 verließ am 25. April 1945 Fürstenfeldbruck und entging damit nur knapp einem Bombenangriff. Der Pilot musste später mit seiner „Weissen 3" in der Schweiz notlanden. Heute befindet sich genau dieser Flieger im ▷ **Deutschen Museum** in München. Seit den 50er Jahren dient der Fliegerhorst der Luftwaffe als Offiziersschule.

20
Reichssteuerschule / Fachhochschule für öffentliche Verwaltung und Rechtspflege

Ministerialrat Fiedler, 1939 → Rauscher Str. 10, Herrsching, Karte B3
Die Reichssteuerschule in Herrsching wurde am 15. September 1937 in Betrieb genommen. Die weitläufige Anlage bot bis zu 500 Schülern Platz. Der Westflügel wird von einer monumentalen Feierhalle dominiert. Über dem Säulengang der Halle prangt noch heute ein gewaltiger Reichsadler mit mehr als sechs Metern Spannweite. In seinen Fängen hält er den Eichenlaubkranz, in dem sich einst das obligatorische Hakenkreuz befand.
Ab 1943 wurden die Gebäude als Wehrmachtslazarett genutzt, nach dem Krieg als Tuberkulose-Krankenhaus. Seit 1955 hat hier eine Fachhochschule für öffentliche Verwaltung ihren Sitz.

Das Ende des Holocaust in Bayern

Eines der letzten Kapitel der nationalsozialistischen Judenvernichtung fand in Bayern statt. In der Nähe von Kaufering entstanden ab 1944 drei Großbunker zur unterirdischen Flugzeug-Produktion. Dieses Rüstungsprogramm nahm den Tod Tausender Menschen nicht nur in Kauf, sondern beabsichtigte ihn sogar.
Zur **„Vernichtung durch Arbeit"** wurden Juden aus ganz Europa in die elf Lager des KZ-Kommandos Kaufering deportiert. Am 18. Juni 1944 traf der erste Transport mit 1.000 jüdischen Häftlingen aus Auschwitz ein. In nur zehn Monaten starben rund um Landsberg und Kaufering schätzungsweise 14.500 Menschen. Sie wurden totgeschlagen, verhungerten oder verunglückten zwischen den riesigen Eisenträgern und Betonteilen. Die „Führer" der Arbeitskolonnen interessierte lediglich, dass bei der Rückkehr ins Lager die Zahl der Häftlinge stimmte, egal ob sie noch lebten oder nicht.

Im Dezember 1944 wurde das KZ Kaufering IV bei Hurlach nach Begutachtung durch SS-Arzt Josef Mengele zum „Krankenlager" erklärt. Doch selbst Schwerkranke schleppten sich lieber zu den Baukommandos als sich in dieses „kalte Krematorium", wie man es nannte, abschieben zu lassen. Wer hier ankam, wurde nicht medizinisch versorgt, sondern dem Tod überlassen. Wegen des katastrophalen Nahrungsmangels traten sogar Fälle von Kannibalismus auf.
In den übrigen Lagern war die Unterbringung kaum weniger unmenschlich. Die Häftlinge hausten in halb eingegrabenen Hütten, eingezäunt von dicht gespanntem und elektrisch geladenem Stacheldraht. Bis zu 120 Menschen wurden in jedes dieser primitiven Erdlöcher gepfercht. Die tägliche Essensration bestand aus einigen Scheiben Brot und vier Bechern wässriger Brühe. Bei Appellen hatten die Häftlinge oft stundenlang im Freien zu stehen.

18 Häftlings-Erdbunker im KZ Kaufering VII

Am 25. April 1945 begann die SS, 3.000 Insassen aus dem Lager Kaufering IV vor der heranrückenden US-Armee zu evakuieren. Bevor die letzten Wachen das Lager am 27. April verließen, gossen sie Benzin über die Erdhütten, in denen sich noch 268 nicht mehr gehfähige Kranke befanden, und steckten alles in Brand.
Den US-Soldaten, die das Gelände wenige Stunden später betraten, bot sich ein Bild des Grauens. Die Hütten qualmten noch, überall lagen verkohlte Leichen. Es war das Ende des „Dritten Reiches" in Oberbayern.

„Die Unterbringung war noch schlimmer als in Auschwitz."
(Elias Godinger, ehemaliger KZ-Häftling in Auschwitz, Kaufering III und Kaufering IX)

US-Soldaten suchen im KZ Kaufering IV nach Überlebenden, 27. April 1945

21
Wohnhaus Hugo Junkers / Institut für Jugendarbeit

→ Germeringer Str. 30, Gauting, Karte B2 Ⓢ Gauting Im Jahr 1895 gründete der Erfinder Hugo Junkers in Dessau seine erste eigene Firma, die „Junkers & Co.", die Gasbadeöfen und Heizgeräte herstellte. Später machten ihn seine Konstruktionen auf dem Gebiet des Flugzeugbaus zu einem der bedeutendsten deutschen Industriellen seiner Zeit. Berühmt wurde seine Name vor allem durch das Kürzel **„Ju 52"** – die so bezeichnete Maschine, auch „Tante Ju" genannt, wurde ab 1932 produziert und war bis Anfang der vierziger Jahre das meistgebaute Verkehrsflugzeug der Welt. Bereits 1919 flog Junkers' „F 13", das erste Ganzmetall-Verkehrsflugzeug, das wesentlich zum Beginn der zivilen Luftfahrt in Deutschland beitrug.

Mit der Weltwirtschaftskrise und dem Aufstieg der Nazis setzte der geschäftliche und persönliche Niedergang des Unternehmers ein.
Am 1. November 1932 verkaufte er sein Stammwerk in Dessau aus ökonomischen Gründen an den Bosch-Konzern. Und schon zwei Tage nach Hitlers Machtübernahme forderte das Reichskommissariat für Luftfahrt von Junkers die Übertragung aller seiner Patente ohne finanzielle Gegenleistung – der geplanten Luftrüstung wollte er sich nämlich verweigern. „Unter dem Zwang der Umstände" unterschrieb Junkers am 2. Juni 1933 den Übertragungsvertrag mit dem Reichsluftfahrtministerium. Es wurde ihm offiziell verboten, sich weiterhin mit dem Flugzeugbau zu beschäftigen. Bis zu seinem Tod am 3. Februar 1935 war Junkers in seiner Villa in Gauting unter Gestapo-Aufsicht festgesetzt.
Die über 5.000-mal gebaute „Ju 52" transportierte später vor allem deutsche Soldaten an die Front, und die Junkers-Werke entwickelten sich mit der Produktion von Sturzkampfbombern und Düsentriebwerken zu einem der größten und modernsten Rüstungsbetriebe der Welt. Junkers ehemaliges Wohnhaus in Gauting wird heute vom Institut für Jugendarbeit genutzt.

22
Fliegerhorst Lager Lechfeld

⌂ 1938 → Lager Lechfeld, Karte A 2
Das Lager Lechfeld war nach dem 1. Weltkrieg Durchgangsstation für ausgemusterte deutsche Soldaten. Um revolutionäre Umtriebe unter den Kriegsheimkehrern zu unterbinden, gründete die Bayerische Reichswehr im Frühjahr 1919 eine „Nachrichtenabteilung", die Hauptmann Karl Mayr unterstellt wurde. Zu seinen Männern zählte auch der damals 30-jährige Gefreite Adolf Hitler. Er wurde von Mayr ins Lager Lechfeld entsandt, um die Soldaten im nationalistischen Sinne zu beeinflussen, und feierte hier frühe Erfolge als politischer Redner.
In den folgenden Jahren organisierte die NSDAP hier die militärische Ausbildung von SA- und SS-Männern. Ab 1933 wurde im geheimen Auftrag von Reichsluftfahrtminister Hermann Göring eine Kampffliegerschule aufgebaut, die den Decknamen **„Höhenflugzentrale des Deutschen Flugwetterdienstes"** erhielt. Während des 2. Weltkrieges waren verschiedene Fliegerstaffeln in Lechfeld stationiert, die in Zusammenarbeit mit dem nahe gelegenen ▷ **Messerschmitt-Werk** neue Strahlflugzeuge erprobten. Daraus ging im April 1944 das „Kommando Nowotny" hervor, der erste Me 262-Einsatzverband der deutschen Luftwaffe. Auf dem Flugplatz waren zu diesem Zeitpunkt über 1.000 Personen im Bereich Rüstung beschäftigt, darunter auch Zwangsarbeiter. 1958 übernahm die Bundeswehr das Areal.

23
Dynamit AG, Werke „Fasan I" und „Fasan II"

⌂ 1940 → Hans-Böckler-Str., Bobingen, Karte A2 Von 1937 bis 1939 ließ die Dynamit AG über ein Tochterunternehmen in Bobingen eine Sprengstofffabrik mit dem Tarnnamen „Fasan I" errichten.
Der Standort befand sich in unmittelbarer Nachbarschaft zum Werksgelände der „Kunstseide Bobingen", einer IG-Farben-Niederlassung. Konzipiert war „Fasan I" als Versuchsanlage für die großindustrielle Produktion des panzerbrechenden Spezialsprengstoffs „Hexogen". 1939/40

18 Bis zu 150 Menschen waren in jeweils einem der Erdbunker des KZ Kaufering VII zusammengepfercht

23 Bunkerturm der Dynamit AG

23 Werksgelände der Dynamit AG

23 Bunkerruinen der Dynamit AG

18 Baracken-Fundamente des ehem. KZ Kaufering XI

18 Bahnhof Kaufering: Gleise von und nach Auschwitz

18 Belgischer Gedenkstein

Deutsche Rüstungsproduktion 1941–1945

Quelle: Reichsministerium für Rüstung und Kriegsproduktion, 6.2.1945

9.735.360 Gewehre, Karabiner und MPs, davon 437.769 „Sturmgewehre 44"

403.931 Artilleriegeschütze, Flak, Pak, Granatwerfer, Haubitzen und Kanonen

98.843 Gepanzerte Fahrzeuge, davon 480 „Königstiger" (Tiger II)

114.149 Kampf- und Transportflugzeuge, davon 1.433 Me 262

36.208 Raketen vom Typ V1 (Fi 103) und V2 (A4)

2.724 Schlachtschiffe, Zerstörer und Kriegsschiffe, davon 1.038 U-Boote

9.264.000.000 Patronen Gewehrmunition

entstand jenseits der Wertach mit der Anlage „Fasan II" eine weitere Herstellungsstätte für Hexogen. Sie umfasste 25 Gebäude, Bunker und einen Verladebahnhof. 1944 verdoppelte man die Produktionskapazitäten von „Fasan I". Getarnt in einem Waldstück, wurden in Streubauweise etwa 65 Gebäude, Bunker und Hallen errichtet. Bis Januar 1945 konnte die Monatsproduktion von 300 auf 900 Tonnen gesteigert werden.
Nach Kriegsende sprengten die Alliierten einige der Bunker. Weite Teile der Werke blieben jedoch erhalten und werden heute von Gewerbebetrieben genutzt.

24
MAN Motoren- und Waffenfabrik / MAN B&W Diesel AG

⌂ Baubüro MAN, 1940, Organisation Todt, 1945 → Stadtbachstr. 7, Augsburg, Karte A2 In ihrem alteingesessenen Augsburger Werk produzierte die MAN (Maschinenfabrik Augsburg-Nürnberg) Schiffs- und U-Boot-Motoren für die Kriegsmarine. Um dem Deutschen Reich die Fähigkeit zur Führung des U-Boot-Krieges zu nehmen, schickte der britische Luftmarschall Arthur Harris am 17. April 1942 zwölf Lancaster-Bomber mit seinen besten Crews auf den Weg nach Augsburg. Getroffen werden sollten die MAN-Werkshallen für die Dieselmotorenherstellung. Der Angriff war nur bedingt erfolgreich und forderte einen hohen Preis.
Nur fünf der Bomber kehrten zurück, die anderen fielen deutschen Jägern oder der Flak-Abwehr zum Opfer. MAN hatte einen Schaden von 2,4 Millionen Reichsmark zu verbuchen. Zu einer ernsthaften Beeinträchtigung der Produktion kam es nicht. Einige U-Boot-Motoren trafen lediglich etwas verspätet zur Endmontage in den Werften ein.
Neben Schiffsmotoren produzierte MAN auch Geschütze, Geschützrohre für Feldhaubitzen und Flugabwehrkanonen. Zahlreiche Zwangsarbeiter mussten in den Fabrikhallen für den deutschen „Endsieg" schuften. Sie waren nicht nur unmenschlichen Arbeitsbedingungen ausgeliefert, sondern auch den Bomben der Alliierten. Bei Luftangriffen durften sie ausschließlich unzureichende Splitterschutzgräben

aufsuchen. Die vorhandenen Bunker blieben deutschen Arbeitern vorbehalten.
Im Rahmen der Verlagerung kriegswichtiger Betriebe wurde 1944 mit dem Bau einer Bunkerfabrik auf dem MAN-Werksgelände begonnen. Die Pläne wurden nur zum kleinen Teil ausgeführt, Überreste sind heute noch erhalten.

25
Forschungsanstalt für Mechanik und Gestaltung der MAN / MAN-Museum

⌂ Paul Gerne, 1940 → Heinrich-von-Buz-Str. 28, Augsburg, Karte A2
◷ Di–So 9–17 Uhr In Zusammenarbeit mit der deutschen Kriegsmarine entstand auf dem Gelände der MAN von 1938 bis 1940 die „Forschungsanstalt für Mechanik und Gestaltung von Antriebsmaschinen niedrigsten Leistungsgewichtes".
Hier wurde an der Optimierung von U-Boot-Motoren gearbeitet. Heute befindet sich in dem Gebäude das MAN-Museum. Zu sehen sind Exponate aus über 200 Jahren Technikgeschichte, darunter auch der erste Versuchsdiesel von Rudolf Diesel aus dem Jahr 1895.

26
Messerschmitt AG Flugzeugwerk / BÖWE, MBB-Deutsche Aerospace

⌂ Baubüro Messerschmitt, Wilhelm Wichtendahl, 1938 → Haunstetter Str. 112, Augsburg, Karte A2 Mit Hermann Görings Flugzeugbeschaffungsprogramm wurde es der deutschen Luftwaffe möglich, Kampfflugzeuge in Großserie her-

„Mit einem Instrument von nur 600 oder 700 Bombern die größte Industriemacht Europas zum völligen Erliegen zu bringen, daran vermag ich nicht zu glauben. 30.000 Großbomber, und der Krieg ist morgen früh zu Ende.“
(Britischer Luftmarschall Arthur Harris)

stellen zu lassen. Davon profitierte auch der Konstrukteur Willy Messerschmitt, der bis dahin ein recht bescheidenes Flugzeugwerk unterhalten hatte.
In wenigen Jahren konnte er seine Firma zu einem der größten Rüstungsbetriebe Deutschlands ausbauen. Rund um das ehemalige Rumpler-Flugzeugwerk am Rand des Augsburger Flugfeldes entstanden zwischen 1934 und 1938 vier Fabriken, die bei Teilbombardierung jeweils eigenständig weiterarbeiten konnten. Ebenfalls aus Luftschutzgründen waren die Anlagen großflächig über ein Gelände von 160 Hektar verstreut.
Hauptsächlich wurden hier Jagdflieger vom Typ Me 109 und Me 110 hergestellt, später auch der neuartige Strahljäger Me 262. Die einmotorige Me 109 sollte im Verlauf des Krieges mit 30.573 Exemplaren zum meistgebauten Jagdflugzeug aller Zeiten werden. Die Zahl der Beschäftigten stieg von 82 im Jahr 1933 auf 20.900 bei Kriegsende. Darunter befanden sich Tausende Zwangsarbeiter, Kriegsgefangene und KZ-Häftlinge.
Heute wird das Werksgelände von den Firmen BÖWE und MBB (Messerschmitt-Bölkow-Blohm) Deutsche Aerospace genutzt.

25 MAN-Museum

24 MAN-Werkshalle

26 Messerschmitt-Werkstor

Die deutschen Strahljäger

DER ERSTFLUG

Im Morgengrauen des 27. August 1939 ertönte auf dem Flugfeld der Heinkel-Werke in Rostock-Marienehe ein dumpfes Grollen. Ein kleines propellerloses Flugzeug stieg mit rasanter Geschwindigkeit in den Himmel auf. Es war der erste Flug einer Düsenmaschine überhaupt. Mit seiner He 178 erreichte Testpilot Erich Warsitz eine Geschwindigkeit von 600 Stundenkilometern. Nach sechs Minuten setzte er wieder sicher auf der Rollbahn auf. Zur gleichen Zeit konstruierte Ernst Heinkel im Auftrag des Reichsluftfahrtministeriums bereits den mit zwei Triebwerken und einem neuartigen Schleudersitz ausgestatteten Jäger He 280. Der Erstflug am 30. März 1941 verlief reibungslos. Dennoch stellte das Ministerium die Entwicklung 1943 zugunsten der noch unerprobten Messerschmitt Me 262 ein.

Heinkel He 178, der erste Strahljäger, 1939

Bunkerfabrik „Weingut II" im Bau, 1945

DER DURCHBRUCH

Am 22. Mai 1943 konnten erfahrene Piloten wie Adolf Galland die Me 262 erstmals testen. Sie waren begeistert: **„Es ist, als wenn Engel schieben."** Die Fluggeschwindigkeit von bis zu 950 Stundenkilometern bedeutete eine Überlegenheit von 300 Stundenkilometern gegenüber den schnellsten Maschinen der Alliierten. Eine Spezialversion erreichte am 6. Juli 1944 sogar 1.004 Stundenkilometer, kam also nahe an die Schallmauer heran. Galland setzte sich für eine Serienproduktion ein, doch Hitler lehnte ab und forderte stattdessen die Umrüstung des Jägers zu einem Bomber für Vergeltungsangriffe gegen England. Erst Ende 1944 wurden Jagdgeschwader aufgestellt. Die Maschinen waren zusätzlich mit Bordraketen vom Typ R4M zur Bekämpfung feindlicher Bomber ausgerüstet. Insgesamt kamen 1.433 Me 262 zum Einsatz, davon wurden allein in den letzten fünf Kriegsmonaten 1.000 Stück hergestellt.

MASSENMORD FÜR DIE ME 262

Im Februar 1944 wurde die deutsche Rüstungsindustrie durch Bombenangriffe der Alliierten schwer getroffen. Daher gründete Rüstungsminister Albert Speer am 1. März 1944 den „Jägerstab". Er sollte

Eine zweisitzige Ausführung der Messerschmitt Me 262, 1944

die Produktion von Kampfflugzeugen, darunter der Me 262, in bombensichere Bunkerfabriken verlagern. Als letzte Arbeitskraftreserve griff die „Organisation Todt" auf jüdische KZ-Häftlinge aus ganz Europa zurück. Deren Deportation ins ab 1942 nahezu „judenfreie" Reich hatte Hitler eigens genehmigt. Zur Errichtung von insgesamt vier Bunkeranlagen in der Nähe von Landsberg am Lech sowie bei

Arado Ar 234, der erste Düsenbomber, 1944

Mühldorf am Inn wurden etwa 38.000 Juden herangezogen. Den Tod Tausender kalkulierten die Verantwortlichen bewusst ein. Durch unmenschliche Lebens- und Arbeitsbedingungen, Hinrichtungen sowie „Selektionen" starb fast die Hälfte der eingesetzten „Arbeitssklaven".

DER „BLITZBOMBER"

Die Arado Ar 234 wurde ursprünglich als Fernaufklärer für Flüge bis nach Nordschottland und zurück konzipiert. Als das Flugzeug im Sommer 1943 nahezu serienreif war, verlangte das Reichsluftfahrtministerium nach einer Version mit starker Bewaffnung. So wurde die Arado der erste Düsenbomber der Welt, ausgestattet mit vier BMW-Strahltriebwerken, Autopilot, Schleudersitz und einer Druckkabine für Flughöhen von 11.000 Metern. Zum Einsatz kam die 960 Stundenkilometer schnelle Maschine schließlich als Aufklärer und als Bomber, vor allem an der Westfront und bei der Ardennen-Offensive im Winter 1944.

DER „AMERIKA-BOMBER"

Ende 1944 erhielt die deutsche Luftfahrtindustrie den Auftrag, einen Langstreckenbomber zu entwickeln. Er sollte mit

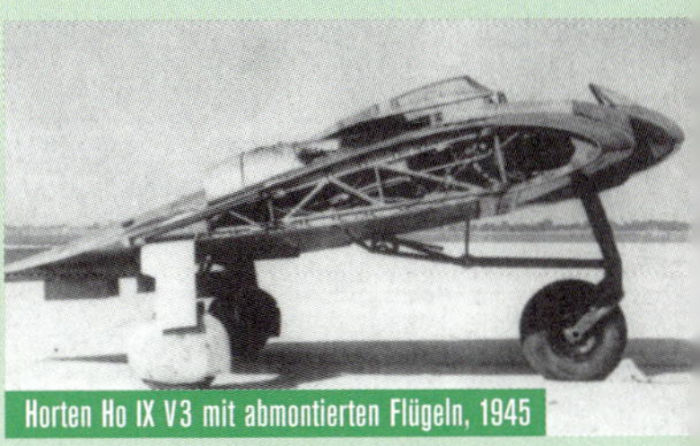

Horten Ho IX V3 mit abmontierten Flügeln, 1945

einer Bombenlast von einer Tonne nach New York und zurück fliegen können. Nach dieser Vorgabe wurden verschiedene Projekte von Junkers, Messerschmitt und den Gebrüdern Horten miteinander verglichen. Die Hortens entwickelten auf der Grundlage des futuristisch anmutenden Nur-Flüglers Ho IX V3 (Go 229) eine Langstreckenversion, genannt Ho XVIII. Das Flugzeug hatte bei Geschwindigkeiten von nahezu 900 Stundenkilometern eine Reichweite von 12.000 Kilometern, der Pilot sollte einen bereits entwickelten Raumanzug tragen. Ein Exemplar des in das „Jägerstab"-Programm aufgenommenen Ho IX V3 fiel bei Kriegsende amerikanischen Truppen in die Hände und wurde in die USA überführt. Einer seiner Nachfahren fliegt heute für die U.S. Air Force und heißt Stealth-Bomber B2.

27
Kriegsgefangenenlager Stalag VII A

⌂ Reichsarbeitsdienst, 1939 → Moosburg, Karte C1 Kurz nach dem deutschen Überfall auf Polen wurde im September 1939 im Norden von Moosburg das Mannschafts-Stammlager (Stalag) VII A für Kriegsgefangene eingerichtet. Zunächst war es für 10.000 Insassen vorgesehen. Die ersten Gefangenen, Polen und Ukrainer, trafen am 19. Oktober ein. Nach der Eroberung Frankreichs durch die Wehrmacht stieg die Zahl der Neuzugänge lawinenartig an. Bis zum Sommer 1940 hatten über 98.000 Kriegsgefangene das Stalag VII A passiert.

Auf 350.000 Quadratmetern gab es im Hauptlager 40 Häftlingsbaracken, Dutzende Zelte, eine Entlausungsstation, Krankenreviere und Werkstätten. Viele der Häftlinge waren Außenkommandos zugeteilt, ein Großteil von ihnen arbeitete in landwirtschaftlichen Betrieben. Untergebracht waren sie dann meist in Privathaushalten oder Gastwirtschaften. Auf dem Lagerfriedhof dürften bis Kriegsende nahezu 2.000 Menschen begraben worden sein. Besonders schlecht behandelt wurden sowjetische Insassen. Über 80 Prozent der im Stalag gestorbenen Gefangenen waren Sowjetsoldaten, obwohl sie durchschnittlich nur etwa 18 Prozent der Belegung ausmachten. Zudem wurden Hunderte sowjetische Häftlinge aufgrund des „Kommissarbefehls" von 1941, der die Liquidierung kommunistischer Funktionäre vorsah, in Konzentrationslager abtransportiert und dort erschossen.
Bei Kriegsende befanden sich im Lager selbst rund 60.000 Gefangene, weitere 80.000 waren auf Außenkommandos verteilt.
Nach Verhandlungen mit dem Lagerkommandanten Oberst Otto Burger übernahmen US-Truppen am 29. April 1945 das Stalag, ohne dass es zu sinnlosen Verteidigungsaktionen kam. Bis 1948 nutzten die Amerikaner das Areal für ein Internierungslager („Civilian Internment Camp No. 6") mit bis zu 12.000 deutschen Gefangenen, die man der Unterstützung des NS-Regimes beschuldigte. Später wurden hier deutsche Heimatvertriebene angesiedelt. Einige der alten Lagerbaracken sind noch erhalten. Auf dem ehemaligen Gefangenenfriedhof in Oberreit erinnert eine kleine Gedenkstätte an das Stalag.

Unten: Das KZ Dachau als Titelthema, 1936

28
Konzentrationslager Dachau / KZ-Gedenkstätte Dachau

⌂ Bauleitung der SS, 1933–1945 → Alte Römerstr. 75, Dachau, Karte B2 ⏲ Di–So 9–17 Uhr Ⓢ Dachau Im „Völkischen Beobachter" war am 21. März 1933 zu lesen: **„Am Mittwoch wird in der Nähe von Dachau das erste Konzentrationslager mit einem Fassungsvermögen für 5.000 Menschen errichtet werden."**
Die Gründung des Lagers ging auf einen Befehl von SS-Chef Heinrich Himmler zurück, der zu dieser Zeit auch als Polizeipräsident von München fungierte.

Bis zur Befreiung durch US-Truppen zwölf Jahre später sollten über 200.000 Häftlinge das KZ durchlaufen. Von ihnen kamen nachweislich 31.951 ums Leben, weitere Tausende starben unregistriert.

Kommandant wurde im Juni 1933 der gerade aus der Psychiatrie entlassene Theodor Eicke, der spätere Inspekteur für alle Konzentrationslager. Er machte Dachau zum Modell- und Musterlager für das entstehende reichsweite KZ-System. Das betraf sowohl die baulichen Standards als auch die drakoni-

28 Eingangstor des KZ

28 Eingang zur Gaskammer

28 Wachturm mit Lagerzaun

28 Krematorium, Baracke „X"

28 Zellengang im Bunker

28 Tor zum Jüdischen Gedenkraum

Das Konzentrationslager Dachau

schen Disziplinar- und Strafverordnungen für das Lagerleben. Zudem nutzte die SS das KZ Dachau als Ausbildungsstätte für Wachpersonal, das dann in anderen Konzentrations- und Vernichtungslagern eingesetzt wurde.
Die ersten Häftlinge waren politische Gegner des NS-Regimes, vor allem Kommunisten und Sozialdemokraten. Im Laufe der dreißiger Jahre kamen immer neue Opfergruppen in das KZ, vor allem Juden, Sinti und Roma, Zeugen Jehovas und Homosexuelle. Während des Novemberpogroms von 1938 verschleppte man über 10.000 deutsche Juden nach Dachau.
Am Lagertor wurden Neuankömmlinge – wie später auch in Auschwitz – von der zynischen Parole **„Arbeit macht frei"** empfangen. Auf dem Dach des Wirtschaftsgebäudes war in riesigen Lettern zu lesen: **„Es gibt einen Weg zur Freiheit. Seine Meilensteine heißen: Gehorsam, Ehrlichkeit, Sauberkeit, Nüchternheit, Fleiß, Ordnung, Opfersinn, Wahrhaftigkeit, Liebe zum Vaterland."**

Im Laufe des Krieges wurde das Lager zunehmend auch zu einer Stätte des Massenmordes. Ab Oktober 1941 erschoss man hier Tausende sowjetische Kriegsgefangene. 1942 begannen SS-Ärzte in den Revierbaracken mit medizinischen Menschenversuchen. Bei Unterdruck-, Unterkühlungs- oder Malaria-Experimenten starben unzählige Häftlinge einen qualvollen Tod. Ebenfalls ab 1942 entstand ein weitverzweigtes Netz von Außenlagern und -kommandos, in denen bis zu 37.000 Gefangene fast ausschließlich für die Rüstungsindustrie arbeiteten.

Gegen Kriegsende wurde Dachau zum Zielort zahlreicher Evakuierungstransporte aus aufgelösten Konzentrationslagern.
Es herrschten katastrophale hygienische Zustände, Tausende starben bei einer Typhusepidemie. Am 26. April 1945 wurden von Dachau aus rund 7.000 Häftlinge auf einen Todesmarsch Richtung Süden geschickt, am 28. April verließ die SS fluchtartig das Lager.

Die ersten US-Soldaten erreichten das KZ am Morgen des 29. April. Sie waren schockiert vom Anblick der Leichenberge und der entkräfteten Überlebenden. Zum Zeitpunkt der Befreiung befanden sich rund 67.000 Häftlinge im Konzentrationslager Dachau, davon etwa die Hälfte im Hauptlager.
Aus der nahe gelegenen Stadt Dachau holten amerikanische Soldaten die deutsche

Häftlinge auf der Lagerstraße des KZ Dachau, 1938

Bevölkerung herbei, um sie mit dem Grauen des Lagers zu konfrontieren. Bis 1948 wurde das Areal zur Internierung von SS-Angehörigen genutzt, anschließend diente es als Unterkunft für Heimatvertriebene.

1965 wurde die KZ-Gedenkstätte Dachau eröffnet, die heute mit rund 700.000 Besuchern pro Jahr einen der wichtigsten Orte zur Erinnerung an NS-Verbrechen darstellt.

Bildnachweis

Bei Seiten mit mehreren Abbildungen ist die Zuordnung stets von oben nach unten und von links nach rechts. Alle Fotografien, Karten und Illustrationen, die nicht explizit ausgewiesen sind, stammen von Maik Kopleck bzw. aus seinem Archiv oder aus dem Archiv des Verlages. In vereinzelten Fällen konnten wir die historischen Rechteinhaber nicht ermitteln und bitten ggf. um Rückmeldung beim Verlag.

Bayerische Staatsbibliothek München, Bildarchiv Hoffmann: S. 4 (li. u.), 9 (li. Nr. 13), 11, 14, 31, 43 (re./li. u.), 44, 45, 49, 50 (li. u.), 76, 77, 84 (li./re. u.), 92

Bildarchiv Preußischer Kulturbesitz: S. 33, 102

BMW, Historisches Archiv: S. 56, 62, 63

Deutsches Historisches Museum Berlin: S. 41

Gedenkstätte KZ Dachau: S. 104/105

Archiv Anton Posset: S. 95, 100

Schweizer Bundesarchiv: S. 43

Stadtarchiv München: S. 18, 50 (o.), 54, 58

Literatur

Angermair, Elisabeth, Ulrike Haerendel: Inszenierter Alltag. „Volksgemeinschaft" im nationalsozialistischen München 1933–1945, München 1993

Bauer, Reinhard, Ernst Piper: München. Die Geschichte einer Stadt, München 1993

Benz, Wolfgang u.a. (Hg.): Enzyklopädie des Nationalsozialismus, München 2001

Benz, Wolfgang, Walter H. Pehle (Hg.): Lexikon des deutschen Widerstandes, Frankfurt am Main 1999

Fest, Joachim: Hitler. Eine Biographie, Frankfurt am Main 1973

Fest, Joachim: Speer. Eine Biographie, Berlin 1999

Joachimsthaler, Anton: Hitlers Weg begann in München. 1913–1923, München 2000

Kershaw, Ian: Hitler, Stuttgart 1998

Landsberg im 20. Jahrhundert. Themenhefte Landsberger Zeitgeschichte, hg. von der Bürgervereinigung Landsberg im 20. Jahrhundert, Landsberg 1983 ff.

Large, David Clay: Hitlers München. Aufstieg und Fall der Hauptstadt der Bewegung, München 2003

Müller, Rolf: Der Bombenkrieg 1939–1945, Berlin 2004

Nerdinger, Winfried (Hg.): Bauen im Nationalsozialismus. Bayern 1933–1945, München 1993

Weihsmann, Helmut: Bauen unterm Hakenkreuz. Architektur des Untergangs, Wien 1998

Weiß, Hermann (Hg.): Biographisches Lexikon zum Dritten Reich, Frankfurt am Main 1998

Weyerer, Benedikt: München 1933–1949. Stadtrundgänge zur politischen Geschichte, hg. von der Landeshauptstadt München, München 1996

Impressum

Die Deutsche Bibliothek verzeichnet diese Publikation in der Deutschen Nationalbibliographie; detaillierte bibliographische Daten sind im Internet über http://dnb.ddb.de abrufbar.

2. Auflage, Januar 2006

Schönhauser Allee 36
10435 Berlin
Tel.: (030) 44 02 32-0
www.linksverlag.de
mail@linksverlag.de

Umschlaggestaltung: Maik Kopleck

Text/Gestaltung/Illustration/Karten, DTP:
Maik Kopleck, STAAB/KOPLECK:DESIGN!
www.staab-kopleck-design.de

Druck und Bindung:
Bosch-Druck GmbH, Landshut

ISBN-10: 3-86153-354-5
ISBN-13: 978-3-86153-354-2

Maik Kopleck

Jahrgang 1975, nach dem Kommunikationsdesign-Studium an der FH Düsseldorf freier Art Director für verschiedene Werbeagenturen in Düsseldorf und Berlin. Während längerer Aufenthalte in den USA war er freier Fotograf in San Francisco; Mitinhaber des 1996 gegründeten Design-Büros STAAB/KOPLECK:DESIGN! in Düsseldorf. Die erste Buchveröffentlichung war 2004 der „Past Finder® Berlin 1933–1945“ als Auftaktband einer Serie von historischen Stadtführern.

Danksagung

Mein besonderer Dank gilt Hans Kopleck, Brigitte Staab, Ernst Staab, Prof. Werner Holzwarth, Morris Aberham, Jan Szitnick, Bernhard Szitnick, Susanne Büker, Anton Posset, Bürgervereinigung Landsberg im 20. Jahrhundert, Polizeipräsidium München, Polizei-Inspektion 22.

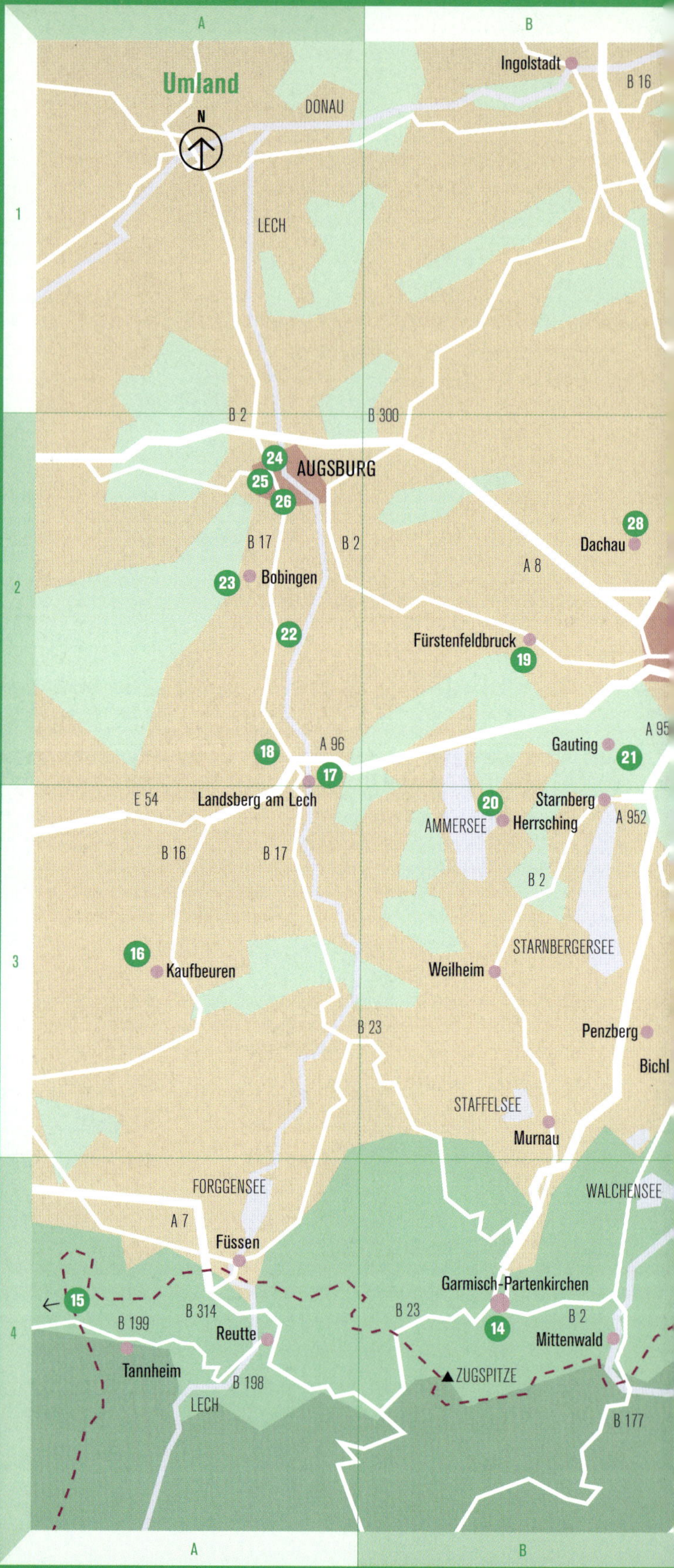
A
B
Umland
N
Ingolstadt
B 16
DONAU
LECH
1
B 2
B 300
24
AUGSBURG
25
26
28
Dachau
B 17
B 2
A 8
2
23
Bobingen
22
Fürstenfeldbruck
19
A 95
Gauting
21
18
A 96
17
E 54
Landsberg am Lech
20
Starnberg
AMMERSEE
Herrsching
A 952
B 16
B 17
B 2
3
16
Kaufbeuren
STARNBERGERSEE
Weilheim
B 23
Penzberg
Bichl
STAFFELSEE
Murnau
FORGGENSEE
WALCHENSEE
A 7
Füssen
Garmisch-Partenkirchen
15
B 314
B 23
B 2
4
B 199
Reutte
14
Mittenwald
Tannheim
ZUGSPITZE
B 198
LECH
B 177
A
B

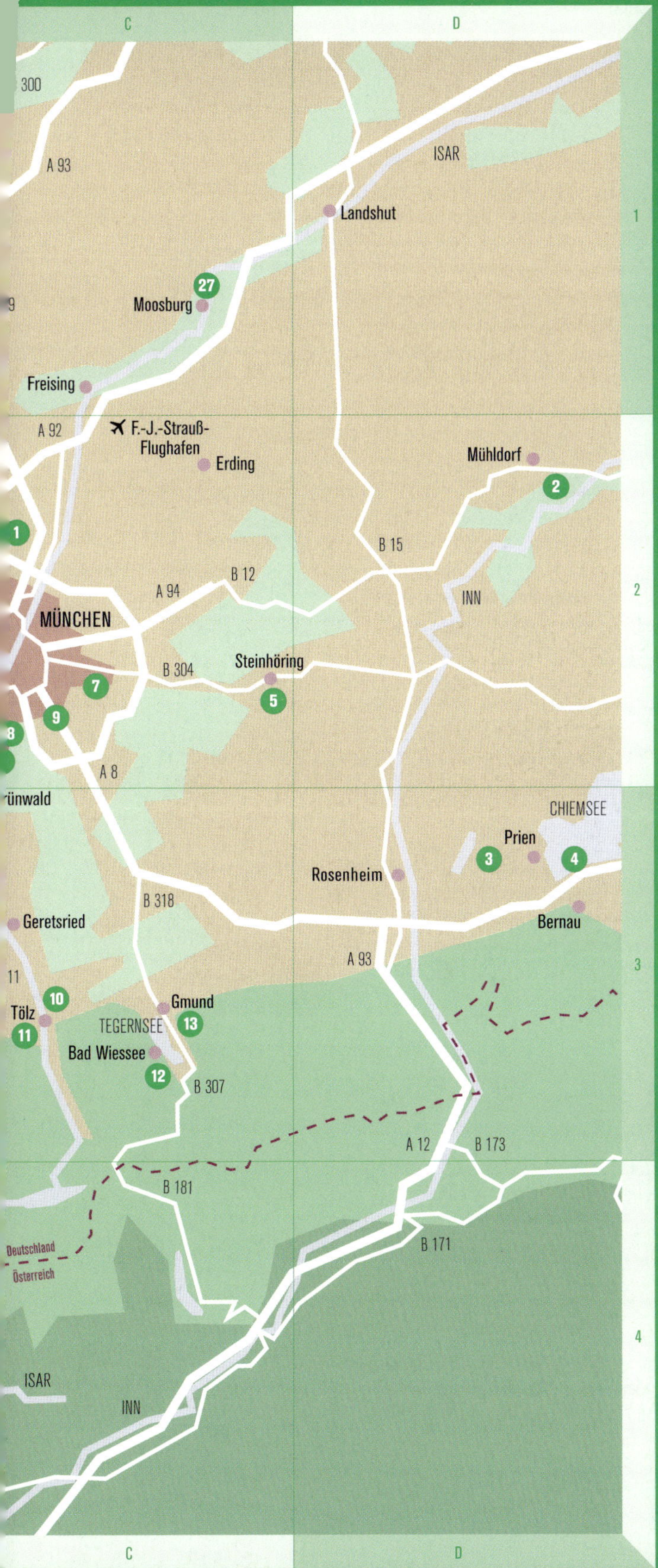

C
D
1
2
3
4
300
A 93
ISAR
Landshut
27
Moosburg
Freising
A 92
F.-J.-Strauß-
Flughafen
Erding
Mühldorf
2
1
B 15
B 12
A 94
INN
MÜNCHEN
B 304
Steinhöring
7
5
9
8
A 8
ünwald
CHIEMSEE
Prien
3
4
Rosenheim
B 318
Bernau
Geretsried
A 93
11
10
Gmund
Tölz
TEGERNSEE
13
11
Bad Wiessee
12
B 307
A 12
B 173
B 181
Deutschland
Österreich
B 171
ISAR
INN

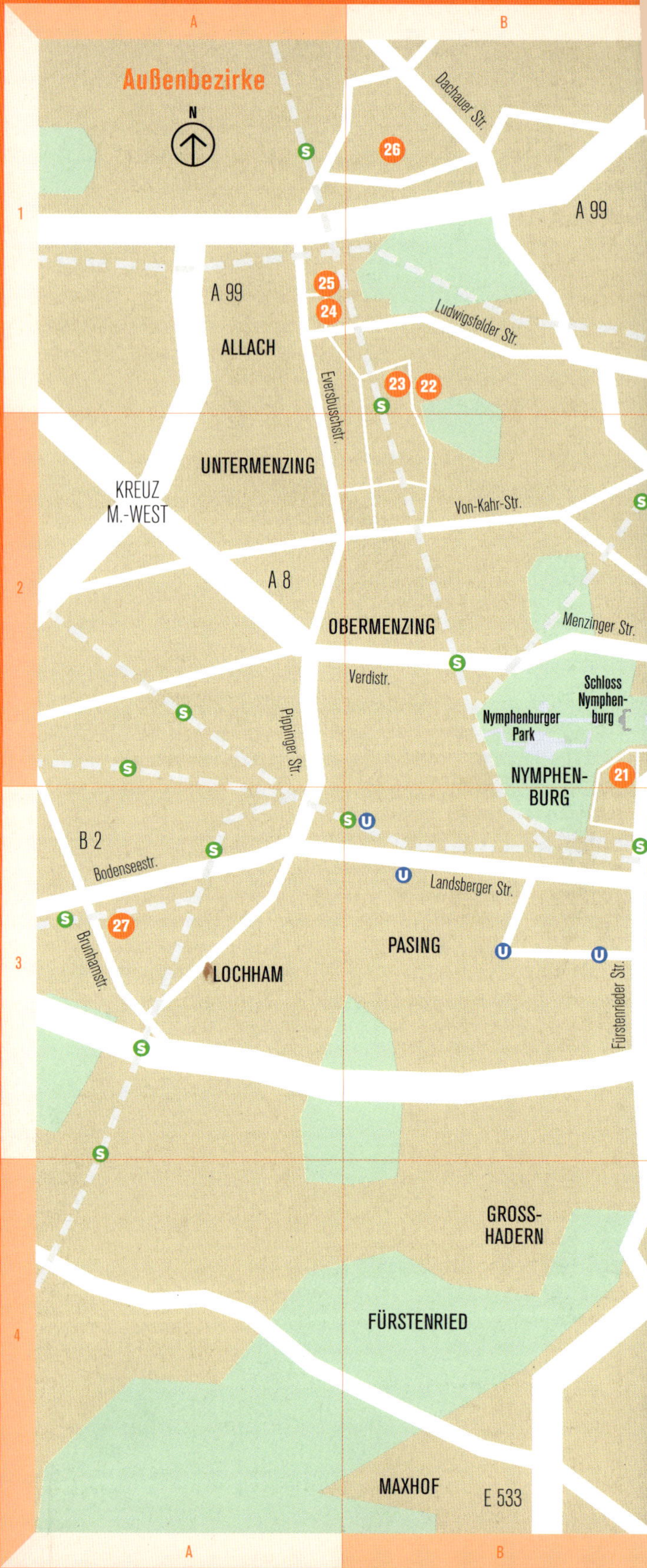
Außenbezirke
N
A
B
1
2
3
4
A 99
Dachauer Str.
26
25
24
A 99
ALLACH
Ludwigsfelder Str.
Eversbuschstr.
23
22
UNTERMENZING
KREUZ
M.-WEST
Von-Kahr-Str.
A 8
OBERMENZING
Menzinger Str.
Verdistr.
Pippinger Str.
Schloss
Nymphen-
burg
Nymphenburger
Park
NYMPHEN-
BURG
21
B 2
Bodenseestr.
Landsberger Str.
27
Brunhamstr.
PASING
LOCHHAM
Fürstenrieder Str.
GROSS-
HADERN
FÜRSTENRIED
MAXHOF
E 533